Alabama

Cover photo by Peter Nash
Courtesy RCA Records

ISBN-13: 978-1-4234-2300-3
ISBN 10: 1-4234-2300-3

HAL•LEONARD®
CORPORATION
7777 W. BLUEMOUND RD. P.O. BOX 13819 MILWAUKEE, WI 53213

Visit Hal Leonard Online at
www.halleonard.com

Contents

Angels Among Us

Words and Music by
Becky Hobbs and Don Goodman

Melody:

My Ma - ma could-n't see _ him, oh, but he was stand-in' there, _

(Capo 1st fret)

G D/F# Csus2 Gadd2 Bm7 C Bm/D

Am/D Em7 Cadd9 D Gadd2/B Am7 C/D

Intro

| G   D/F# | Csus2 | | |
| Gadd2 Bm7 | C Bm/D Am/D | |

Verse 1

G   D/F#   Em7   C
I was walkin' home from school on a cold winter day.

G   Em7 Cadd9   D
Took a shortcut through the woods   and I lost my way.

G   D/F#   Em7   C
It was gettin' late   and I was scared and alone.

G   Em7   Cadd9   D
But then a kind old man   took my hand and led me home.

C   Gadd2/B   C   D
My Mama couldn't see ___ him, oh, but he was standin' there.

C   Gadd2/B   C   D
And I knew in my heart ___ he was the answer to my prayers.

Chorus 1

G   Em7   Am7   C/D   D
Oh, I believe ___ there are   angels among ___ us,

G   Em7   C   C/D
Sent down to us from somewhere up above.

D   G   Em7 C   D
They come to you and me ___ in our darkest hours

C   Gadd2/B C   D
To show us how to live, ___ to teach us how to give,

C   D   G Bm7 C D
To guide us with the light of love.

Verse 2

G   D/F♯   Em7   C
When life held troubled times ___ and had me down on my knees,

G   Em7   C   D
There's always been someone ___ to come along ___ and comfort me.

G   D/F♯ Em7   C
A kind word from a stran - ger, to lend a helping hand.

G   Em7   C   ·   D
A phone call from a friend, ___just to say ___ "I understand."

C   Bm7   C   D
But ain't it kind of fun - ny at the dark end of the road

C   Gadd2/B   C   D
That someone lights the way ___ with just a single ray of hope.

Chorus 2

G   Em7   Am7   C/D D
Oh, I believe ___ there are   angels among ___ us,

G   Em7   C   C/D
Sent down to us from somewhere up above.

D   G   Em7 C   D
They come to you and me ___ in our darkest hours

C   Gadd2/B C   D
To show us how to live, ___ to teach us how to give,

C   D   G
To guide us with the light of love.

Bridge

C   Bm7
They wear so many faces,

C   Bm7
Show up in the strang - est places

C   Bm7
To grace us with their mer - cy

Am7   D
In our time of need.

Chorus 3   *Repeat Chorus 2*

Outro

C   D   N.C.   G D/F♯ Csus2
To guide us with the light of love.

Born Country

Words and Music by
Byron Hill and John Schweers

Melody:

Clear creeks ___ and cool moun - tain

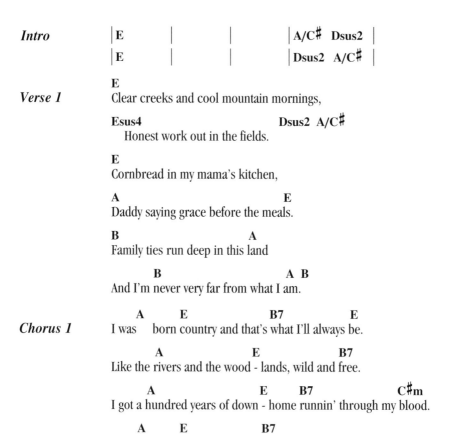

E   A/C#   Dsus2   Esus4   A   B   B7   C#m

Intro

| E | | | A/C# Dsus2 |
| E | | | Dsus2 A/C# |

Verse 1

      E
Clear creeks and cool mountain mornings,

      Esus4   Dsus2 A/C#
  Honest work out in the fields.

      E
Cornbread in my mama's kitchen,

      A   E
Daddy saying grace before the meals.

      B   A
Family ties run deep in this land

        B   A B
And I'm never very far from what I am.

Chorus 1

        A   E   B7   E
I was   born country and that's what I'll always be.

        A   E   B7
Like the rivers and the wood - lands, wild and free.

        A   E   B7   C#m
I got a hundred years of down - home runnin' through my blood.

        A   E   B7
I was   born country and this country's what I love.

| *Interlude* | | E | | | | A/C♯ Dsus2 | |
| | | E | | | | Dsus2 A/C♯ | |

Verse 2

E
Moonlight, and you here beside me,

Esus4   Dsus2 A/C♯
Crickets serenading in the yard.

E
What more could two people ask for?

A   E
Layin' here in love beneath the stars

     B   A
Now this is where I want to raise my kids,

B   A B
Just the way my mom and daddy did.

Chorus 2   *Repeat Chorus 1*

Fiddle Solo | A | | E | | |
                 | D | | B | | |

Chorus 3
        A   E   B7   E
I was   born country and that's what I'll always be.

        A   E   B7
Like the rivers and the wood - lands, wild and free.

        A   E   B7   C♯m
I got a hundred years of down - home runnin' through my blood.

        A   E   B7   E
I was born country and this country's what I love.

        A   E
I was born country.

Can't Keep a Good Man Down

Words and Music by
Bob Corbin

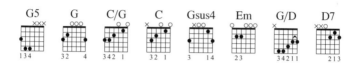

I thought it was _ for-ev- er,   I thought it would last. ___

| G5 | G | C/G | C | Gsus4 | Em | G/D | D7 |

Intro
```
|G5        |          |          |          |
|G  C/G  G |          |  C/G  G  |          |
```

Verse 1
        G
I thought it was forever, I thought it would last.

Gotta try to make it a page of my past.

    C
You didn't even say goodbye

           G Gsus4 G Gsus4
When you slammed that door.

    G
Now I'm lyin' here alone in what once was our bed.

Tryin' to forget all the cruel words you said

     C
While the radio was playin'

         G Gsus4 G Gsus4
What once was our favorite song.

Pre-Chorus 1
       Em   **G/D**
Oh, e - nough is enough, I won't take anymore

     C   **D7**
I'm pickin' myself up off the floor.

Chorus 1

              G   **C**   **G**   **Gsus4**
'Cause you can't ___ keep a good man down.

G   **C**   **G**   **Gsus4**
Can't keep a good man down, oh, no,

G   **C**   **G**   **Gsus4**
Can't keep a good man down, baby

G   **C**   **G**
Can't keep a good man down.

Verse 2

          G
Gonna dress up in the finest clothes that I own

And take it to the streets, I won't be lonely for long.

          C
Gonna put on my best move on

                G Gsus4 G Gsus4
Ev'ry single woman I see.

          G
Now you thought you could break me,

Add me to your list, notch me on your gun.

                        C
Let me tell you this, I got news ___ for you, baby,

                G Gsus4 G Gsus4
I don't break that easily.

Chorus 2

              G   **C**   **G**   **Gsus4**
'Cause you can't keep a good man down.

       G   **C**   **G**   **Gsus4**
You can't keep a good man down, oh, no,

G   **C**   **G**   **Gsus4**
Can't keep a good man down, sugar.

G   **C**   **G**
Can't keep a good man down.

Interlude

| N.C.(C) | | G5 | |

	G
Verse 3	I'll be out there on the scene, hangin' with my friends.

This world's gonna see me smilin' again.

    C
I'm takin' some time to erase you

        G Gsus4 G Gsus4
From my memory.

    G
Don't write me any letters, don't call me on the phone.

Don't knock on my door, 'cause to you I'm not at home.

  C
I know there's a woman out there

        G Gsus4 G Gsus4
For a man like me.

Chorus 3
        G N.C.
'Cause you can't keep a good man down.

Can't keep a good man down, oh, no,

Can't keep a good man down, baby.

Can't keep a good man down.

Pre-Chorus 2
      Em   G/D
Oh, e - nough is enough, I can't take anymore

  C   D7
I'm pickin' myself up off the floor.

Chorus 4
            G   C   G   Gsus4
'Cause you can't ___ keep a good man down, baby.

G   C   G   Gsus4
Can't keep a good man down, honey.

G   C   G   Gsus4
Can't keep a good man down, sugar.

G   C   G
Can't keep a good man down, ooh, girl.

Outro   *Repeat Chorus 4 w/ vocal ad lib. till fade*

Close Enough to Perfect

Words and Music by
Carl Chambers

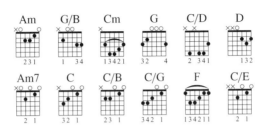

Some-times   her morn - in' cof -   fee's   way __ too

Intro

N.C. |Am G/B |Cm |G |C/D |

Verse 1

G   D   Am7
Sometimes her mornin' cof - fee's way too strong.

C   D   G
And sometimes what she says she says all wrong.

C   D   G   D
But right or wrong, ___ she's there be - side me

Am7 G/B   C
Like only a friend would be.

Am   Cm   G   C/D
And that's close enough to perfect for me.

Verse 2

     G   D   Am7
Now she's been known to wear ___ her pants too tight.

     C   D   G
And drinkin' puts her out just like a light.

C   D   G   D
Heav - en knows ___ she's not an angel,

        Am7   G/B   C
But she'd really like ___ to be.

         Am   Cm   G   Am7 G/B
And that's close enough to perfect for me.

Bridge 1

        C   G
She kisses me each mornin' and smiles her sleepy smile.

     C   C/B   Am7
And she don't have to say ___ it,

C/G   F   C/E   D
  I can see it in ___ her eyes.

Verse 3

       G   D
Don't you worry about my woman,

      Am7   G/B   C
What you think she ought to be.

     Am   Cm   G   N.C.
She's close enough to perfect for me.

Interlude |Am G/B |Cm |G |C/D |

Verse 4

```
G                         D              Am7
Sometimes she gets down ___ and starts to cry.
      C            D    G
But then again, a lady has the right.
    C   D    G         D
She's ev - 'rything ___ I've ever wanted,
      Am7  G/B  C
She's all I ev - er  need.
      Am           Cm      G    Am7 G/B
She's close enough to perfect for me.
```

Bridge 2

```
        C                         G
She kisses me each mornin' and smiles her sleepy smile.
      C      C/B     Am7
And she don't have to say ___ it,
C/G     F      C/E      D
  I can see it in ___ her eyes.
```

Verse 5

```
        G            D
Don't you worry about my woman,
        Am7      G/B    C
What you think she ought to be.
      Am           Cm      G
She's close enough to perfect for me.
              Am    G/B   Cm      G
Whoa, she's close e - nough to perfect for me.
```

Outro

```
‖: G      |D         |Am7      |         |
  |C       |      D |G         |   C D  |
  |G       |D         |Am7 G/B |C        |
  |Am      |Cm        |G        |        :‖ Repeat and fade
```

Christmas in Dixie

Words and Music by Jeffrey Cook,
Teddy Gentry, Mark Herndon and Randy Owen

Melody:

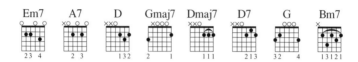

By now in New York Cit-y, _____

| Em7 | A7 | D | Gmaj7 | Dmaj7 | D7 | G | Bm7 |

Intro

N.C.			Em7	A7	
D			Gmaj7	A7	
D		

Verse 1

                      Em7 A7   Dmaj7
By now in New York City,   there's snow on the ground.

               Em7 A7   Dmaj7
And out in Califor - nia   the sunshine's fallin' down.

D7   G   A7   D
And maybe down in Memphis   Graceland's all in lights.

Bm7   Em7 A7   D
And in Atlanta, Geor - gia,   there's peace on earth to - night.

Chorus 1

              G   A7   D
Christmas in Dixie,   it's snowin' in the pines.

Bm7   Em7 A7   D
Merry Christmas from Dixie to ev'ryone to - night.

| *Interlude* | `| Gmaj7 | A       | Dmaj7 | Gmaj7 |` |
| | `| Em7   | A       | D     |       |` |

Verse 2

                Em7 A7   **Dmaj7**
It's windy in Chi - cago,   the kids are out of school.

                     Em7   **A7**   **Dmaj7**
There's magic in Mo - town,   the city's on the move.

D7   **G**   **A7**   **D**
  In Jackson Missis - sippi   to Charlotte, Caro - lin'.

Bm7   **Em7** **A7**   **D**
  And all across the na - tion   it's a peaceful Christmas time.

Chorus 2   *Repeat Chorus 1*

Outro

                                     Em7 A7
And from Fort Payne, Alabam - a,

N.C.
God bless y'all. We love ya. Happy New Year.

Goodnight. Merry Christmas.

                               D   **A7 D**
Merry Christmas tonight.

The Closer You Get

Words and Music by
James Pennington and Mark Gray

Melody:

The clos-er you get, _____

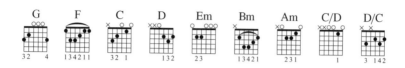

G   F   C   D   Em   Bm   Am   C/D   D/C

Intro | G   F | C | D | Em | D |

                | C | D | Em | Bm |

                | Am | C/D |

Chorus 1

                              G   C
            The closer you get, ___ the further I fall.

                  Am   D   G   D
            I'll be over the edge now   in no time at all.

                      G   C
            I'm fallin' fast - er and faster and faster with no time to stall.

                       Am C/D   G   F
            The closer you get,   the further I fall.

Verse 1

                C   D
                Could I be dreamin'?

              Em   D
                Is this really real?

              C   D
                'Cause there's something magic

              Em   Bm   Am   C/D
                The way that I feel ___ in your arms ___ tonight.

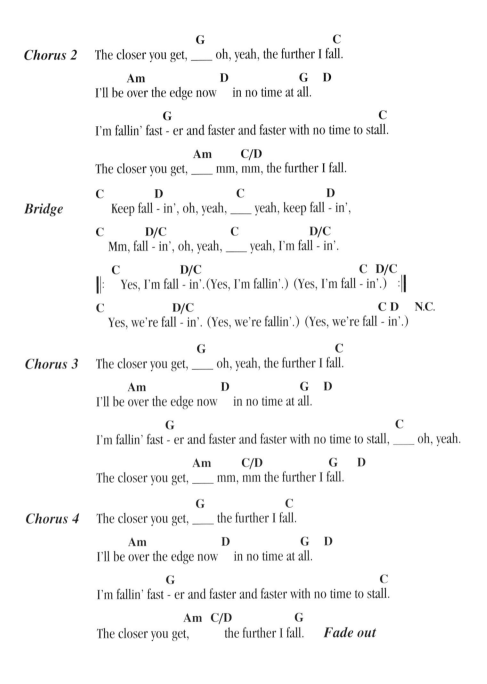

Chorus 2

                  G   **C**
The closer you get, ___ oh, yeah, the further I fall.

      Am   **D**   **G** **D**
I'll be over the edge now   in no time at all.

            G   **C**
I'm fallin' fast - er and faster and faster with no time to stall.

               Am   **C/D**
The closer you get, ___ mm, mm, the further I fall.

Bridge

C   **D**   **C**   **D**
  Keep fall - in', oh, yeah, ___ yeah, keep fall - in',

C   **D/C**   **C**   **D/C**
  Mm, fall - in', oh, yeah, ___ yeah, I'm fall - in'.

   C   **D/C**   **C D/C**
‖: Yes, I'm fall - in'. (Yes, I'm fallin'.) (Yes, I'm fall - in'.) :‖

C   **D/C**   **C D** **N.C.**
  Yes, we're fall - in'. (Yes, we're fallin'.) (Yes, we're fall - in'.)

Chorus 3

                G   **C**
The closer you get, ___ oh, yeah, the further I fall.

      Am   **D**   **G** **D**
I'll be over the edge now   in no time at all.

            G   **C**
I'm fallin' fast - er and faster and faster with no time to stall, ___ oh, yeah.

               Am   **C/D**   **G**   **D**
The closer you get, ___ mm, mm the further I fall.

Chorus 4

                G   **C**
The closer you get, ___ the further I fall.

      Am   **D**   **G** **D**
I'll be over the edge now   in no time at all.

            G   **C**
I'm fallin' fast - er and faster and faster with no time to stall.

            Am C/D   **G**
The closer you get,   the further I fall.   ***Fade out***

Dixieland Delight

Words and Music by
Ronnie Rogers

Melody:

Roll-in' down a back-woods   Ten-nes-see

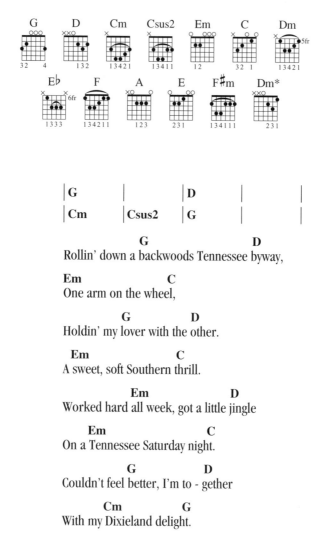

Intro

| G | | D | | |
| Cm | Csus2 | G | | |

Verse 1

             G   D
Rollin' down a backwoods Tennessee byway,

Em   C
One arm on the wheel,

          G   D
Holdin' my lover with the other.

Em   C
A sweet, soft Southern thrill.

          Em   D
Worked hard all week, got a little jingle

        Em   C
On a Tennessee Saturday night.

           G   D
Couldn't feel better, I'm to - gether

        Cm   G
With my Dixieland delight.

Chorus 1

        D   Em
Spend my dollar, parked in a holler

                   C
'Neath the mountain moon - light.

        G   D
Hold her up - tight, make a little lovin',

         Em   C
A little turtle dovin' on a Mason Dixon night.

        Em   C
Fits my life, oh, so right.

      Cm   G
My Dixieland delight.

Guitar Solo

G		D		
Em		C		
G		D		
Cm Dm	Eb F	G		

Verse 2

        G   D
Whitetail buck deer munchin' on clover,

      Em   C
Redtail hawk settin' on a limb,

       G   D
Chubby old groundhog, croakin' bullfrog,

Em   C
Free as the feelin' in the wind.

        Em   D
Home-grown country girl gonna give me a whirl

      Em   C
On a Tennessee Saturday night.

      G   D
Lucky as a seven livin' in heaven

      Cm   G
With my Dixieland delight.

Chorus

Repeat Chorus 1

Interlude	│F	│G A │		F │

| | │ | │G A │ | | │ |

Fiddle Solo 1	│A	│	│E	│	│

F#m   │ │D │ │

A   │ │E │ │

F   │G │A │ │

│ │ │

N.C.

Chorus 3   Spend my dollar, park in a holler

'Neath the mountain moon - light.

        A   **E**
Hold her up - tight, make a little lovin',

      F#m   **D**
A little turtle dovin' on a Mason Dixon night.

    F#m   **D**
Fits my life, oh, so right.

  Dm*   **A**
My Dixieland delight.

Fiddle Solo 2   │A │ │E │ │

│Dm* │ │A │ │

         A   **E**
Verse 3   Rollin' down a backwoods Tennessee byway,

F#m   **D**
One arm on the wheel,

     A   **E**
Holdin' my lover with the other.   *Fade out*

Down Home

Words and Music by
Rick Bowles and Josh Leo

Melody:

Just off of the beat - en path, _

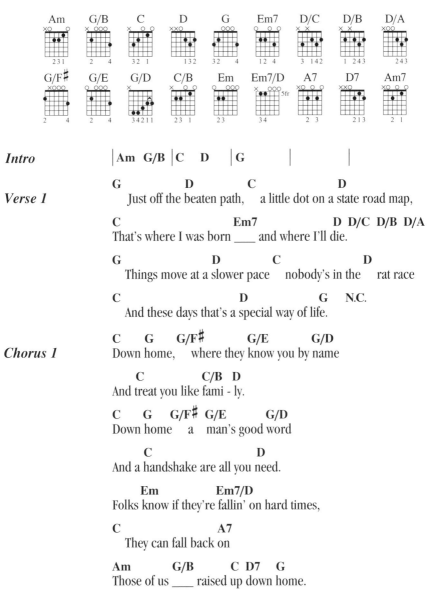

Intro |Am G/B |C   D |G | |

                G   D   C   D

Verse 1   Just off the beaten path,   a little dot on a state road map,

                C   Em7   D D/C D/B D/A
                That's where I was born ___ and where I'll die.

                G   D   C   D
                Things move at a slower pace   nobody's in the   rat race

                C   D   G   N.C.
                And these days that's a special way of life.

                C   G   G/F♯   G/E   G/D

Chorus 1   Down home,   where they know you by name

                       C   C/B D
                And treat you like fami - ly.

                C   G   G/F♯ G/E   G/D
                Down home   a   man's good word

                       C   D
                And a handshake are all you need.

                    Em   Em7/D
                Folks know if they're fallin' on hard times,

                C   A7
                They can fall back on

                Am   G/B   C D7 G
                Those of us ___ raised up down home.

Verse 2

     G   **D**
    In the corner of the hardware store

     C   **D**
    Gathered 'round a checker board,

     C   **Em7**   **D D/C D/B D/A**
    Old men tellin' lies ___ and crownin' kings.

     G   **D**
    Kids drivin' 'round the old town square,

     C   **D**
    Tops rolled down in the cool night air.

     C   **D**   **G**   **N.C.**
    Go and see what's shakin' at the Dairy Queen.

Chorus 2

     C   **G**   **G/F♯**   **G/E**   **G/D**
    Down home,   where they know you by name

        C   **C/B** **D**
    And treat you like fami - ly.

     C   **G** **G/F♯** **G/E**   **G/D**
    Down home   a   man's good word

        C   **D**
    And a handshake are all you need.

        Em   **Em7/D**
    Folks know if they're fallin' on hard times,

     C   **A7**
    They can fall back on

     Am   **G/B**   **C D7 G**   **Am G/B**
    Those of us ___ raised up down home.

Bridge

```
        C            D          G              Em
When I was a boy ____ I couldn't wait to leave this place

    Am7                       D       G/D  D  N.C.
But now, I want to see my children raised
```

Chorus 3

```
C    G   G/F♯ G/E G/D C C/B D
Down home

C    G   G/F♯ G/E G/D C C/B D
Down home

    Em          Em7/D
Folks know if they're fallin' on hard times,

C                    A7
    They can fall back on

Am        G/B        C D7   G
Those of us ____ raised up down home.

G/F♯         G/E        G/D
    Where they know you by name

    C           C/B   D
And treat you like fami - ly.

C    G   G/F♯ G/E        G/D
Down home   a   man's good word

        C                    D
And a handshake are all you need.

    Em          Em7/D
Folks know if they're fallin' on hard times,

C                    A7
    They can fall back on

Am        G/B        C D7
Those of us ____ raised up down home.
```

Outro

```
|G        |G/F♯ G/E |G/D  C |C/B  D  |

       C    G   G/F♯ G/E G/D C C/B D
‖: Down home.                          :‖ Repeat and fade
                                          w/ vocal ad lib.
```

Face to Face

Words and Music by
Randy Owen

Melody:

Run your fin - gers through ____ my hair __

(Capo 1st fret)

Cadd9   G   C   Dsus2   D   G/B   D/A   Am   Em

Intro

| Cadd9 | G | | Cadd9 | G | |
| Cadd9 | G | | C | Dsus2 | |

Verse 1

         C   G
Male: Run your fingers through ___ my hair

       C   G
And softly kiss my lips.

       C   G
And hold me close in your ___ embrace

       C   D   Cadd9 G/B D/A
And love me face to face.

Chorus 1

   C   G/B   C   G
Face to face, heart to heart, body to bod - y

   C   G
Tingling, tangled feel - ings

   Am   D   Em
Lovers face to face.

Verse 2

    C   G
Male: I'll caress your bod - y,

   C   G
And hold you close to me.

   C   G
I'll slide my hands around ___ your waist

    C   D Cadd9 G/B D/A
And love you face to face.

Chorus 2

C   G/B   C   G
Face to face, heart to heart, body to bod - y

C   G/B
Lips on lips, arm and arm

C   G
Body to bod - y.

C   G
Tingling, tangled feel - ings

Am D   Em
Lovers face to face.

Verse 3

     C   G
Female: Softly say you love ___ me

   C   G
As you make love to me.

    C   G
Male: No one else can take ___ your place.

     Am D   G
Both: We happen face to face.

Outro

Cadd9	G		Cadd9	G	
Cadd9	G		C	D C	
G/B D/A	G	‖			

Fallin' Again

Words and Music by Randy Owen,
Teddy Gentry and Greg Fowler

Melody:

Think-in' of the fac - es I've seen, __

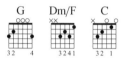

G   Dm/F   C

Intro |G |Dm/F |C |G | | |

Verse 1

    G
Thinkin' of the faces I've seen

Dm/F   **C**
Back when I was young and green.

           G
I was fallin' back then.

But now I'm workin' on building a fire

    Dm/F   **C**
And flirtin' with that old desire.

          G   **C**
And fallin' again ___ into the wind.

Chorus 1

    G Dm/F   **C**
I fall in ____ love again.

       G
I'm fallin' again.

Verse 2

G
Well, you think that I would learn by now,

Dm/F   C
To keep from fallin' some - how.

              G
But I'm fallin' again.

'Cause when I caught that look in your eyes

Dm/F   C   G   C
That's when I realized ___ I was fallin' again ___ into the wind.

              G Dm/F   C
Chorus 2   I fall in _____ love again.

Instrumental 1 | G | | Dm/F | C |

| G | | | |

| Dm/F | C | G | Dm/F |

| C | |

              G   Dm/F   C
Bridge 1   ‖: Fall, fall, fall, fallin' again. :‖ *Play 3 times*

              G Dm/F   C
Chorus 3   I fall in _____ love again.

                      G Dm/F   C
Fallin' again   into the wind.

Instrumental 2   *Repeat Instrumental 1*

              G   Dm/F   C
Bridge 2   Fall, fall, fall, fallin' again.

              G   Dm/F   C
Fall, fall, fall, fallin' again.

Chorus 4   *Repeat Chorus 3*

Outro   ‖: G | Dm/F | C | :‖ *Repeat and fade*

Fantasy

Words and Music by Teddy Gentry,
Jeff Cook, Randy Owen and Richard Scott

Melody:

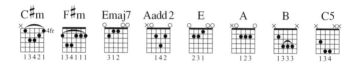

Fan - ta - sy, ___   mid-night and

C#m   F#m   Emaj7   Aadd2   E   A   B   C5

Intro

| N.C.(C#m) | | (F#m) | | |
|:‖: C#m | | F#m | :‖ *Play 3 times*

Chorus 1

    C#m   F#m
Fantasy, midnight and you and me.

    C#m   F#m
Ecstasy, spirits runnin' wild and free.

                 Emaj7 F#m   Emaj7 F#m N.C.
Take me a - way, _____ a - way. _____

Interlude 1

| C#m | | F#m | | |
| C#m | | F#m | Aadd2 | |

Verse 1

<pre>
E   Emaj7   A
Outside   on a blanket in the moonlight,

E   Emaj7   A
It feels right   with my arms a - round you tight.

F#m
Layin' under heaven watchin' stars play

   B
While me and you and Mother Nature drift away.
</pre>

Chorus 2

<pre>
C5 C#m   F#m
Our fantasy, midnight and you and me.

C#m   F#m
Ecstasy, spirits runnin' wild and free.

          Emaj7 F#m   Emaj7 F#m N.C.
Take me a - way, _____ a - way. _____
</pre>

Interlude 2

<pre>
C#m		F#m	
C#m		F#m	
|: C#m B C#m		F#m E F#m	:|
</pre>

Chorus 3

<pre>
   C#m   F#m
||: Fantasy, midnight and you and me.

C#m   F#m
Ecstasy, spirits runnin' wild and free. :||
</pre>

Outro

<pre>
          Emaj7 F#m   Emaj7 F#m
||: Take me a - way, _____ a - way. _____ :|| Repeat and fade
</pre>

Feels So Right

Words and Music by
Randy Owen

Melody:

Whis-per   to ___ me   soft - ly

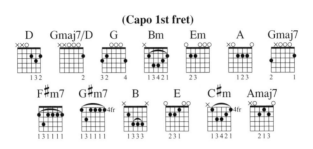

(Capo 1st fret)

D   Gmaj7/D   G   Bm   Em   A   Gmaj7

F#m7   G#m7   B   E   C#m   Amaj7

Intro |D |Gmaj7/D |D |Gmaj7/D |

Verse 1
              D   **Gmaj7/D**
              Whisper to me soft - ly

                    D   **G**
              Three words upon my skin.

              D   **Gmaj7/D**
              No one's near and listenin'

              D   **G**
              So please don't say good - bye.

              Bm   **G**
              Just hold me close and love me.

             Bm   **G**
               Press your lips to mine.

             Em **A**   **D**   **Gmaj7**
             Mm, ___ feels so right,

                   D   **Gmaj7**
              Feels so right.

Verse 2

    D   Gmaj7
Lyin' here beside ____ you,

        D   G
I hear the echoes of your sighs.

    D   Gmaj7
Promise me you'll stay with me

     D   G
And keep me warm to - night.

    Bm   G
So hold me close and love me.

Bm   G
  Give my heart a smile.

Em A   D   Gmaj7
Mm, ____ feels so right,

      D   G F#m7 G#m7 A G#m7 B
Feels so right.

Verse 3

      E   A
Your body feels so gentle

       E   A
And my passion rises high.

      E   A
Your lovin' me so easy,

      E   A
Your wish is my com - mand.

   C#m   A
Just hold me close and love me.

C#m   A
  Tell me it won't end.

F#m7 B   E
Mm, ____ feels so right,

Amaj7 E   Amaj7
  Feels so right,

A   E   Amaj7 E Amaj7
Feels so right.   *Aw, you feel so right, baby.*

Intro   ‖: E |Amaj7   :‖ ***Repeat and Fade***

Forever's as Far as I'll Go

Words and Music by
Mike Reid

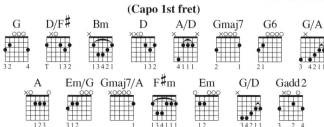

(Capo 1st fret)

Intro   ‖: ⅝ G   D/F♯ Bm │ ⁴⁄₄ G   :‖

Verse 1

    G D   A/D   D
I'll ad - mit I could feel it the first time that we touched.

    Gmaj7   G6 G/A   A
And the look in your eyes said you felt as much.

D   Bm
But, I'm not a man who falls too easily.

Em/G   G Gmaj7/A   A G/A A
It's best that you know ___ where you stand with me.

Chorus 1

D/F♯ G   D
I will   give you my heart, faithful and true.

D/F♯   G   F♯m   A
And all the love it can hold. That's all I can do.

Bm   F♯m   G
But, I've thought about how long I'll love you.

D   Em
And, it's only fair that you know

D/F♯   G   G/A   D G/D D
For - ever's as far ___ as I'll go.

Verse 2

G/D   D   A/D   D
When there's age around my eyes and gray in your hair,

Gmaj7   G6   G/A   A
And it only takes a touch to re - call the love we've shared.

D   Bm
I won't take for granted, you'll know my love is true.

Em/G   G   Gmaj7/A   A G/A A
'Cause each night in your arms, ___ I will whisper to you.

Chorus 2

D/F♯ G   D
I will   give you my heart, faithful and true.

D/F♯   G   F♯m   A
And all the love it can hold. That's all I can do.

Bm   F♯m   G
'Cause I've thought about how long I'll love you.

D   Em
And, it's only fair that you know

D/F♯   G   G/A   D F♯m
For - ever's as far ___ as I'll go.

G   G/A A G/A A   Gadd2
For - ever's as far _____ as I'll go.

Outro   ‖: $\frac{2}{4}$ G   D/F♯ Bm |$\frac{4}{4}$ G   :‖ *Repeat and fade*

Forty Hour Week
(For a Livin')

Words and Music by Dave Loggins,
Don Schlitz and Lisa Silver

Melody:

There are peo-ple in ___ this coun-try

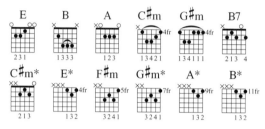

Intro | E | | | | |

Verse 1

           E   **B**   **E**
There are people in this country who work hard ev'ry day.

    A   **E**   **B**
Not for fame or for - tune do they strive.

         E   **B**   **E**
But the fruits of their labor are worth more than they're paid

        A   **B**   **E**
And it's time a few of them were recognized.

Chorus 1

       A **E**   **A**   **E**
Hello De - troit auto worker, let me thank you for your time.

         A   **E**   **B**   **E**
You work a forty hour week for a livin' just to send it on down the line.

       A **E**   **A**   **E**
Hello Pitts - burgh steel mill worker, let me thank you for your time.

         A   **E**   **B**   **E**
You work a forty hour week for a livin' just to send it on down the line.

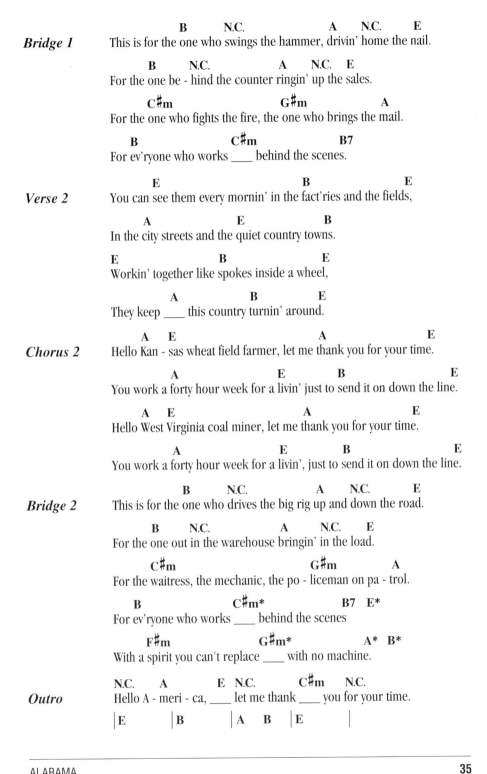

Bridge 1

        B   N.C.   A   N.C.   E
This is for the one who swings the hammer, drivin' home the nail.

        B   N.C.   A   N.C. E
For the one be - hind the counter ringin' up the sales.

        C#m   G#m   A
For the one who fights the fire, the one who brings the mail.

        B   C#m   B7
For ev'ryone who works ____ behind the scenes.

Verse 2

          E   B   E
You can see them every mornin' in the fact'ries and the fields,

        A   E   B
In the city streets and the quiet country towns.

E   B   E
Workin' together like spokes inside a wheel,

        A   B   E
They keep ____ this country turnin' around.

Chorus 2

        A   E   A   E
Hello Kan - sas wheat field farmer, let me thank you for your time.

        A   E   B   E
You work a forty hour week for a livin' just to send it on down the line.

        A   E   A   E
Hello West Virginia coal miner, let me thank you for your time.

        A   E   B   E
You work a forty hour week for a livin', just to send it on down the line.

Bridge 2

        B   N.C.   A   N.C.   E
This is for the one who drives the big rig up and down the road.

        B   N.C.   A   N.C. E
For the one out in the warehouse bringin' in the load.

        C#m   G#m   A
For the waitress, the mechanic, the po - liceman on pa - trol.

        B   C#m*   B7 E*
For ev'ryone who works ____ behind the scenes

        F#m   G#m*   A* B*
With a spirit you can't replace ____ with no machine.

Outro

N.C.   A   E N.C.   C#m   N.C.
Hello A - meri - ca, ____ let me thank ____ you for your time.

| E | B | A B | E | |

Give Me One More Shot

Words and Music by Randy Owen,
Teddy Gentry and Ronnie Rogers

Well, life ain't all __ that eas - y, _____

(Capo 1st fret)

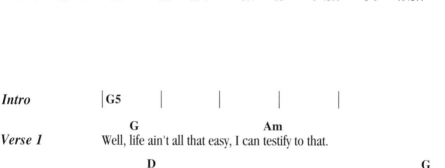

G5   G   Am   D   C   Dm7   Cmaj7   G/A   A7   F

Intro |G5 | | | |

Verse 1
        G   **Am**
Well, life ain't all that easy, I can testify to that.

        D   **G**
It's been up and down and round and round to get to where I'm at.

                     Am
If you can see how I'm livin', and this old car I drive,

        D
Well, you'd probably wonder and even ponder

        C   **D**   **G**
Why I even wanna   stay a - live.

Chorus 1

                        G   C

So, give me one more shot, I'll give it all I got.

             D   G

Let me open my eyes to a new sunrise, I pray.

D   G   C

Give me one more chance, ____ I'll learn to dance the dance.

            Am   D   G5

I'm satisfied ____ just bein' alive, ____ gimme one more day.

Verse 2

           G   Am

Well, I could complain about taxes or the weather we're havin' today.

            D   G

Go on ____ and on about things that are wrong from New York to L.A.

                          Am

But that's just not my nature, to sit around feelin' sad.

              D

We're only here for awhile, so why not smile.

        C   D   G

Hey, livin' ain't all ____ that bad.

Chorus 2

                        G   C

So, give me one more shot, I'll give it all I got.

             D   G

Let me open my eyes to a new sunrise, I pray.

D   G   C

Give me one more chance, ____ I'll learn to dance the dance.

            Am   D   G

I'm satisfied ____ just bein' alive, ____ gimme one more day.

                              Dm7   Cmaj7
Bridge   When I look around, there's lots of folks   worse off than me.

                      G/A   A7   F   D
                  So, I just thank the good ____ Lord   and ask Him please

                                      N.C. G D G   C
Chorus 3   Give me one more shot.   I'll give it all I got.

                      D   G
                  Let me open my eyes to a new sunrise, I pray.

                  D   G   C
                  And give me one more chance, ____ I'll learn to dance the dance.

                          Am   D   G
                  I'm satisfied ____ just bein' alive, ____ gimme one more day.

                          Am   D   G5
                  I'm satisfied ____ just bein' alive, ____ gimme one more day.

                                      Am   D
Outro   Give me one more shot, ____ I'll give it all I got,

                              G
                  Give me one more day.

                          Am D   G
                  Show me the way   and give me one more day.

                              N.C. G D G
                  Give me one more shot.

(God Must Have Spent)
A Little More Time on You

Words and Music by
Carl Sturken and Evan Rogers

Can this be true? _ Tell me, can this be real? _

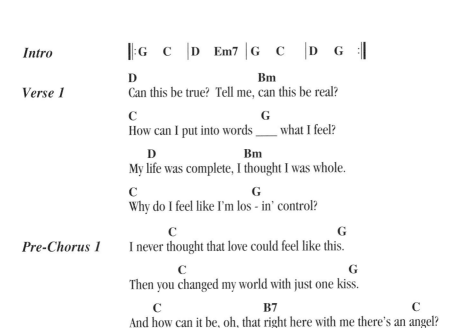

Intro
‖: G C │D Em7 │G C │D G :‖

Verse 1

   D   **Bm**
Can this be true? Tell me, can this be real?

C   **G**
How can I put into words ___ what I feel?

   D   **Bm**
My life was complete, I thought I was whole.

C   **G**
Why do I feel like I'm los - in' control?

Pre-Chorus 1

          C   **G**
I never thought that love could feel like this.

          C   **G**
Then you changed my world with just one kiss.

       C   **B7**   **C**
And how can it be, oh, that right here with me there's an angel?

Dsus4 D
It's a miracle.

Chorus 1

            G   C   D   Em7
Your love is like a river, peaceful and deep.

            G   C   D   G
Your soul is like a secret that I never could keep.

                C   D   Em7
When I look into your eyes I know that it's true.

F   Em7   C   D   G
God must have spent a little more time on you.

C   D   Em7
   (A little more time.)

               G   C D   G
I'm sure He did.   (Yes, He did baby.)

Verse 2

        D   Bm
In all of creation, all things great and small,

C   G
You are the one that surpass - es them all.

          D   Bm
More precious than any diamond or pearl,

C   G
They broke the mold when you came ____ in this world.

Pre-Chorus 2

            C   G
And I'm tryin' hard to figure out

          C   G
Just how I ever did without

            C
Oh, the warmth of your smile.

        B7   C
The heart of a child it's deep inside

            Dsus4   D
And leaves me purifed.

Chorus 2   *Repeat Chorus 1*

Bridge   *Repeat Intro w/ vocal ad lib.*

                    C   G
Pre-Chorus 3   I never thought that love could feel like this.

                              C   G
And then you changed my world with just one kiss.

C   B7   C
How can it be that right here with me there's an angel?

          Dsus4 D
It's just a miracle.

        G   C   D   Em7
Chorus 3   Your love is like a river, peaceful and deep.

        G   C   D   G
Your soul is like a secret that I never could keep.

                 C   D   Em7
When I look into your eyes I know that it's true.

F   Em7   C   D   G C D Em7
God must have spent a little more time on you.

F   Em7   C   D   C
God must have spent a little more time on you.

          D   C   Dsus4 D   Dsus2 D   G
(On you, you.) On ____ you.   (A   little more time. __) You.

Here We Are

Words and Music by
Beth Nielsen Chapman and Vince Gill

Melody:

Here we are ___ once a - gain, ___

Tune down 1/2 step:
(low to high) Eb – Ab – Db – Gb – Bb – Eb

G/C   C   G/D   D7   G   D   Em/A   A   A/E

Chorus 1

      N.C.   G/C   C
Here we are once a - gain,

G/D   D7   G/D   G
Stronger now ___ than we ___ have ev - er been.

          G/C   C
Hand in hand, heart to heart,

G/D   D7   G/D   G
Now we've made ___ it through ___ the hard - est part.

Verse 1

          C   D
We had to break it all down to build it back up.

C   D
Lean on each other when the times got a rough.

C
How'd we survive going through so much?

Em/A   D
Ba - by, you and I could write a book about love.

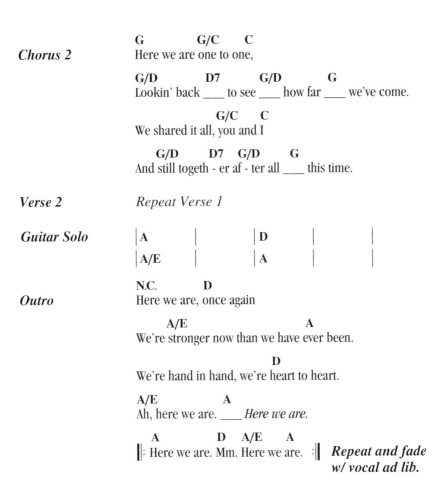

Chorus 2

G   G/C   C
Here we are one to one,

G/D   D7   G/D   G
Lookin' back ___ to see ___ how far ___ we've come.

G/C   C
We shared it all, you and I

G/D   D7 G/D   G
And still togeth - er af - ter all ___ this time.

Verse 2

Repeat Verse 1

Guitar Solo

| A | | | D | | |
| A/E | | | A | | |

Outro

N.C.   D
Here we are, once again

A/E   A
We're stronger now than we have ever been.

D
We're hand in hand, we're heart to heart.

A/E   A
Ah, here we are. ___ *Here we are.*

A   D   A/E   A
‖: Here we are. Mm. Here we are. :‖ *Repeat and fade*
                                     w/ vocal ad lib.

High Cotton

Words and Music by
Roger Murray and Scott Anders

Melody:

We did-n't know the times _ were lean, _

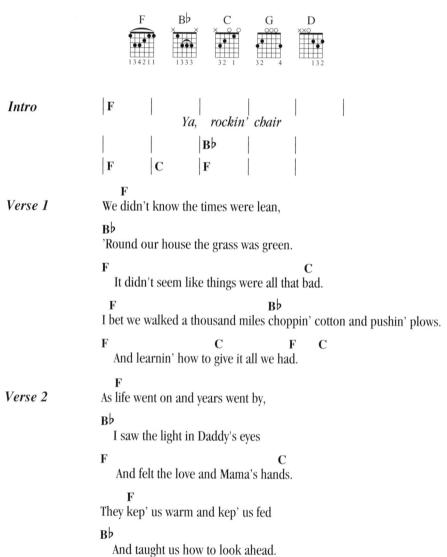

F   Bb   C   G   D

| 134211 | 1333 | 32 1 | 32 4 | 132 |

Intro | F | | | | |

Ya,   rockin' chair

| | | Bb | | |

| F | C | F | | |

Verse 1
F
We didn't know the times were lean,

Bb
'Round our house the grass was green.

F   C
    It didn't seem like things were all that bad.

F   Bb
I bet we walked a thousand miles choppin' cotton and pushin' plows.

F   C   F   C
And learnin' how to give it all we had.

Verse 2
F
As life went on and years went by,

Bb
    I saw the light in Daddy's eyes

F   C
    And felt the love and Mama's hands.

            F
They kep' us warm and kep' us fed

Bb
    And taught us how to look ahead.

F   C   F
    Now, lookin' back ____ I understand.

GUITAR CHORD SONGBOOK

Chorus 1

                  F
We were walkin' in   high cotton.

      B♭
Old times there are not forgotten.

   F   **C**
Those fertile fields are never far away.

                F
We were walking in   high cotton.

      B♭
Old times there are not forgotten.

              F   **C**
Leavin' home ___ was the hardest thing ___ we ever faced.

Fiddle Solo

F		**B♭**		
F	**C**	**F**		

Verse 3

           F
When Sunday mornings rolled around

B♭
We dressed up in hand-me downs.

F   **C**
Just in time to gather with the church.

         F
Some - times I think how long it's been

B♭
   And how it impressed me then,

           F   **C**   **F**
It was the only day my Daddy wouldn't work.

Chorus 2

                                F
We were walkin' in   high cotton.

             Bb
Old times there are not forgotten.

        F   C
Those fertile fields are never far away.

                                 F
We were walkin' in   high cotton.

             Bb
Old times there are not forgotten.

             F   C   F
Leavin' home ___ was the hardest thing ___ we ever faced

Chorus 3

                        G N.C.
We were walkin' in   high cotton.

Old times there are not forgotten.

                                D
Those fertile fields are never far a - way.

                      G
We were walkin' in   high cotton.

            C
Old times there are not forgotten.

             G   D   G
Leavin' home ___ was the hardest thing ___ we ever faced.

Chorus 4

                      G
We were walkin' in   high cotton.

            C
Old times there are not forgotten.

        G   D
Those fertile fields are never far a - way.

                      G
We were walkin' in   high cotton.

            C
Old times there are not forgotten.

             G   D   G
Leavin' home ___ was the hardest thing ___ we ever faced.

            N.C.   G
Walkn' in high cotton.

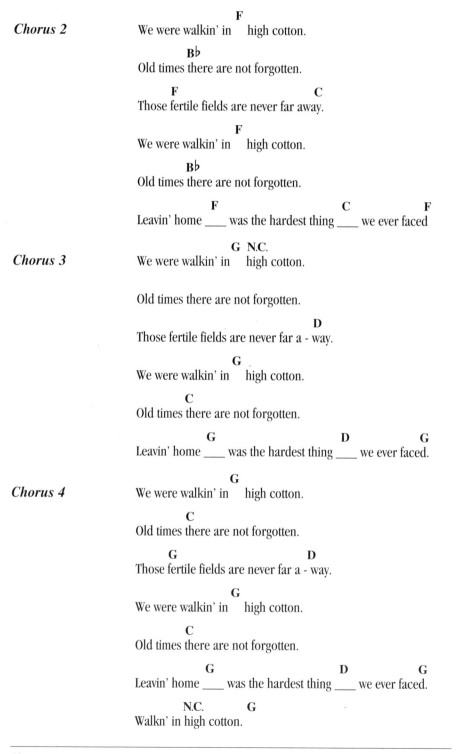

Is That What Time It Is?
(I Wanna Come Over)

Words and Music by
Richard Berardi and Michael Berardi

Melody:

Is that what time __ it __ is? __

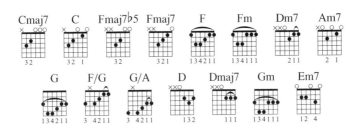

Intro

| Cmaj7 C | Fmaj7♭5 Fmaj7 | |
| Cmaj7 C | Fmaj7 | | |

Verse 1

  C   Cmaj7
Is that what time ___ it is?

 F   Fm   C Fmaj7
I'm sorry if I woke you with this call.

 C   Cmaj7
But all this wine is in my head,

 F   Fm   C
And I'm so lone - ly from it all.

 Dm7   Am7
Don't hang up, baby, hear ___ what I gotta say.

  Dm7
We started out such a beautiful story

     F   G
We just can't end this way.

Chorus 1

N.C.   C   Cmaj7

I wanna come over, I wanna love you tonight.

      F   Fm

I don't care about the time or who's wrong ___ or who's right.

      C   Dm7

Just say it's OK, and I'll be on my way.

F/G   C   Cmaj7

I wanna come over, could you get out of bed?

   F   Fm

I'll try to unsay all the things ___ I've said.

      C   Dm7   F/G

Please say it's OK, and I'll be on my way.

Interlude   *Repeat Intro*

Verse 2

C   Cmaj7

Is that what time ___ it is?

F   Fm   C Fmaj7

I'm sorry if I'm keeping you from your sleep.

C   Cmaj7

But all these feelings are runnin' through me.

F   Fm   C

You know, I never knew they ran so deep.

Dm7   Am7

What's that you're sayin'? That just ___ before I phoned,

Dm7

You were gettin' ready to give me a call,

         F   G

'Cause you were feelin' so alone.

Chorus 2

N.C.   C   Cmaj7
I wanna come over, I wanna love you tonight.

   F   Fm
I don't care about the time or who's wrong ___ or who's right.

   C   Dm7
Just say it's OK, and I'll be on my way.

G/A   D   Dmaj7
I wanna come over, could you get out of bed?

  G   Gm
I'll try to unsay all the things ___ I've said.

   D   Em7
Please say it's OK, and I'll be on my way.

G/A   D Dmaj7   G
I wanna come over. _____

Gm   D
I'm comin' over.

Outro   ‖: D |Dmaj7 |G |Gm :‖ *Repeat and fade*
            (Ah, ah, ah, ah, ah, ah, ah.)   *w/ lead vocal ad lib.*

Hometown Honeymoon

Words and Music by
Josh Leo and Jim Photoglo

Tune down 1/2 step:
(low to high) E♭–A♭–D♭–G♭–B♭–E♭

Melody:

Hey, ba-by won't you take my hand ____

C   F   G7   D   G   Em7   A

Intro

| C | F | G7 | C | |
| | F | G7 | C D | |

Verse 1

    G
Hey, baby won't you take my hand and make me a happy man.

    C   G
I ain't rich, but I found my fortune in you.

Two jobs on a nighttime shift, I'm still left with an empty fist.

    C   G
But my heart is full and my love is true.

    D   Em7   F   G
We can still get married in the style of our friends and family.

    D   Em7   F
Gather all of them to celebrate while we slip out quietly.

Chorus 1

                  C   F
And have a   hometown honeymoon,

    G7   C
Wild flowers and love ____ is in bloom.

                          F   G7   C
We'll have a hometown honeymoon,   just me and you.

                    F   G7   C
Hometown honeymoon,   out of church and up ____ to your room.

                                F   G7   C   D
We'll have a hoedown afternoon, dancin' to the rhythm of love.

Verse 2

G
We can sing and laugh out loud, lifestyles of the poor but proud.

C   G
Cuddle up on the porch and enjoy the view.

We can't afford Niagara Falls,

But there's a fountain by the Old Town Hall.

C   G
We'll make a wish by the light of a lover's moon.

D   Em7   F   G
I'll get my grandma's wedding ring and my brothers Chevro - let,

D   Em7   F
We can stay at your Mama's house, we don't have to go away.

Chorus 2

      C   F
To have a hometown honeymoon,

G7   C
Wild flowers and love ____ is in bloom.

          F   G7   C
We'll have a hometown honeymoon, dancin' to the rhythm of love.

Fiddle Solo ‖: C |F |G7 |C :‖

Bridge

D N.C.   G N.C.
Your daddy's prize possession, I'll make a good impression.

A N.C.   D
I'm gonna get his blessing, that's we need.

Chorus 3

      C   F
Hometown honeymoon,

G7   C
Wild flowers and love ____ is in bloom.

          F   G7   C
We'll have a hometown honeymoon, just me and you.

          F   G7   C
Hometown honeymoon, out of church and up ____ to your room.

          F   G7   C
We'll have a hoedown afternoon, dancin' to the rhythm of love.

Outro

      C   F   G7 C
‖: Hometown honeymoon.   :‖

How Do You Fall in Love

Words and Music by Randy Owen,
Teddy Gentry and Greg Fowler

Melody:

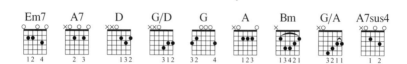

How do you fall ___ in   love, ___

| Em7 | A7 | D | G/D | G | A | Bm | G/A | A7sus4 |

Intro | Em7 A7 | D G/D D |

Chorus 1
D   G
How do you fall in love,

      A   D G/D D
And when do you say, "I do."

                     G
And when is the perfect time

  Em7   A
To spend the rest of your life?

Bm   G
Seasons may come and go.

    A   D
And sometimes it rains and snows.

                     G
And there will be highs and lows.

  Em7 A7   D   G/D D
So only   you will know.

Verse

G/A   A7
You never know just where it will find ___ you

G/A   A7
'Cause it can come on you so fast.

G   A7sus4 A7
Or seems like it takes forever when you want it so bad.

G/A   A7
But don't ever take it for grant - ed

G/A   A7
'Cause it's more than sowin' some seeds.

G   Em7   A7sus4 A7
And it takes sun and water, so give it what ___ it needs.

Chorus 2

D   G
And that's how you fall in love,

A   D
That's when you say, "I do."

                                      G
That's when you know it's time

Em7   A
To spend the rest of your life.

Bm   G
Now seasons may come and go,

A   D
And sometimes it rains and snows.

                                      G
And there will be highs and lows

Em7 A7   D   G/D D
So, only   you will know

                                      G
And there will be highs and lows,

A7sus4 A7   D   G   Em7   A7sus4   D G/D D
So only   you will know.

I'm in a Hurry
(And Don't Know Why)

Words and Music by
Roger Murrah and Randy Van Warmer

Melody:

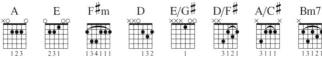

I'm in a hur-ry to get ___ things done, _

A · E · F#m · D · E/G# · D/F# · A/C# · Bm7

Chorus 1

N.C.
I'm in a hurry to get things done,

Oh, I rush and rush until life's no fun.

All I really gotta do is live and die,

But I'm in a hurry and don't know why.

Verse 1

A   E F#m   D
 Don't know why I have to drive so fast,

      A
My car has nothin' to prove.

   E   F#m   D
It's not new, but it'll do zero to sixty in five - point-two.

Chorus 2

    A   E
Oh, I'm in a hurry to get ____ things done.

  F#m   D
Oh, I rush and rush until life's ____ no fun.

    A   E   A
All ____ I really gotta do is ____ live and die,

  F#m   D
But I'm ____ in a hurry and don't ____ know why.

Verse 2

A   E F#m   D
 Can't be late, I leave in plenty of time.

      A
Shakin' hands with the clock,

    E   F#m   D
I can't ____ stop, I'm on a roll and I'm rea - dy to rock.

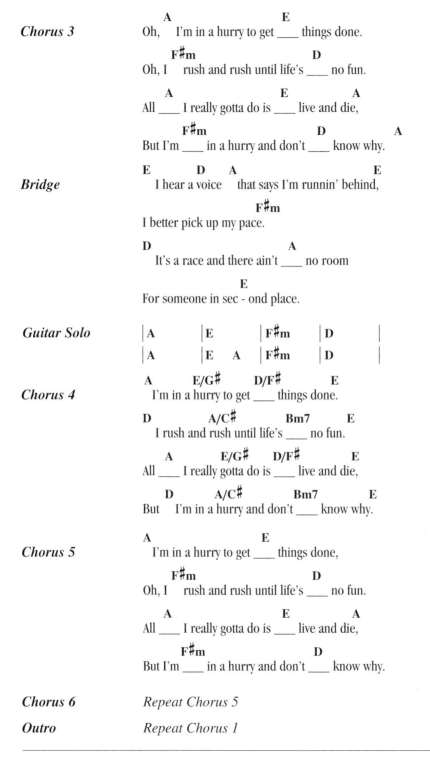

Chorus 3

       A   E
Oh,   I'm in a hurry to get ___ things done.

      F#m   D
Oh, I   rush and rush until life's ___ no fun.

     A   E   A
All ___ I really gotta do is ___ live and die,

     F#m   D   A
But I'm ___ in a hurry and don't ___ know why.

Bridge

E   D   A   E
   I hear a voice   that says I'm runnin' behind,

                F#m
I better pick up my pace.

D   A
   It's a race and there ain't ___ no room

             E
For someone in sec - ond place.

Guitar Solo

| A | E | F#m | D | |
| A | E A | F#m | D | |

Chorus 4

A   E/G#   D/F#   E
  I'm in a hurry to get ___ things done.

D   A/C#   Bm7   E
  I rush and rush until life's ___ no fun.

   A   E/G#   D/F#   E
All ___ I really gotta do is ___ live and die,

     D   A/C#   Bm7   E
But   I'm in a hurry and don't ___ know why.

Chorus 5

   A   E
  I'm in a hurry to get ___ things done,

     F#m   D
Oh, I   rush and rush until life's ___ no fun.

     A   E   A
All ___ I really gotta do is ___ live and die,

     F#m   D
But I'm ___ in a hurry and don't ___ know why.

Chorus 6   *Repeat Chorus 5*

Outro   *Repeat Chorus 1*

If I Had You

Words and Music by
Danny Mayo and Kerry Chater

Melody:

If I had you, ___   we'd run like gyp-sies ___

Drop D tuning:
(low to high) D–A–D–G–B–E

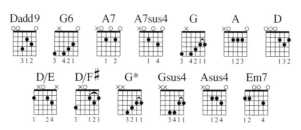

Dadd9	G6	A7	A7sus4	G	A	D
D/E	D/F#	G*	Gsus4	Asus4	Em7	

Intro | Dadd9 | |

Verse 1

    Dadd9   **G6**   **Dadd9**
    If I had you,   we'd run like gypsies ____ in the wind.

    G6   **Dadd9**
    We'd be lovers   we'd be friends

    A7 A7sus4   Dadd9
    If I had you.

Verse 2

    Dadd9   **G6**   **Dadd9**
    If I had you   we'd count the stars all ____ one by one.

    G6   **Dadd9**
    And we'd make love   till they were gone,

    A7   **Dadd9**
    Oh, if I had you.

                              G   A   A7
Chorus 1   'Cause you light a fire

              D   D/E D/F♯   G D/F♯
              Way down in my ____ soul,

                    G   A   A7
              The flame keeps growin' stronger

                      D   D/E   D/F♯   G D/F♯
              'Cause there ain't ____ no ____ control.

                        G*   Gsus4 G*   A   Asus4 A
              And there's nothin',   no, there's nothin',

                      D   D/E   D/F♯ G D/F♯ Em7 D A
              No, there's nothin' that I ____ would - 'n't do

                      Dadd9
              If I had you.

              Dadd9   G6   Dadd9
Verse 3   If I had you   we'd sail the seven ____ seas as one.

              G6   Dadd9
                 We'd never say   it can't be done.

              A7   Dadd9
                 No, if I had you.

                              G   A   A7
Chorus 2   'Cause you light a fire

              D   D/E D/F♯   G D/F♯
              Way down in my ____ soul,

                    G   A   A7
              The flame keeps growin' stronger

              D   D/E   D/F♯   G D/F♯
              There ain't ____ no ____   control.

                        G*   Gsus4 G*   A   Asus4 A
              And there's nothin',   whoa, there's nothin',

                          D   D/E   D/F♯ G D/F♯ Em7 D A
              I know there's nothin' that I ____ would - 'n't do

                      Dadd9   D
              If I had you. *If I had you.*

If You're Gonna Play in Texas
(You Gotta Have a Fiddle in the Band)

Words and Music by
Dan Mitchell and Murry Kellum

If you're gona-na play _ in Tex-as

A   E   F#m   D

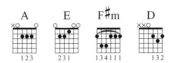

Intro |A | | | |

                N.C.

Chorus 1   If you're gonna play in Texas, you gotta have a fiddle in the band.

                                   E

That lead guitar is hot, but not for a Louisiana man.

    F#m   E   D   A

So rosin up that bow for "Faded Love" ___ and let's all dance.

                 E   D   F#m E D A

If you're gonna play in Texas, you gotta have a fiddle in the band.

       A   E   D   A

Verse 1   I re - member down in Houston, we were puttin' on a show,

                       E   D   E

When a cowboy in the back ___ stood up and yelled, "Cotton Eyed Joe!"

               A   E D   A

He said, "We love ___ what you're doin', ___ boys don't get us wrong.

                E   A

There's just somethin' missin' in your song."

Chorus 2

　　　　　　A　　　　E　　　　D　　　　　　　　　A
If you're gonna play in Texas, you gotta have a fiddle in the band.

　　　　　　　　　　　E　　　　　　D　　　　　E
That lead guitar is hot, ___ but not for a Louisiana man.

F#m　　　E　　　　　　　　　D　　　　A
So rosin up that bow for "Faded Love" ___ and let's all dance.

　　　　　　　　　E　　　　D　　　　　　　　F#m　E　D
If you're gonna play in Texas, you gotta have a fiddle in the band.

Guitar Solo　 |A　　　 |E　　　 |D　　 |A　　　 |　　　 |　　　 |

Verse 2

　　　　　　A　　　　E　　　　D　　　　　A
So we dusted off our boots and put our cowboy hats on straight.

　　　　　　　　　　　　E　　　　D　　　　E
Them Texans raised the roof ___ when Jeff opened up his case.

　　　　　A　　　　E　　　D　　　　　　A
You say y'all ___ wanna two - step, you say you wanna do-si-do.

　　　　　　　　　　E　　　　A
Well, here's your fiddlin' song before we go.

Chorus 3

　　　　　　A　　　　E　　　　D　　　　　　　　A
If you're gonna play in Texas, you gotta have a fiddle in the band.

　　　　　　　　　　　E　　　　　　D　　　　E
That lead guitar is hot, ___ but not for a Louisiana man.

F#m　　　E　　　　　　　　　D　　　　A
So rosin up that bow for "Faded Love" ___ and let's all dance.

　　　　　　　　　E　　　　D　　　　　　　A
If you're gonna play in Texas, you gotta have a fiddle in the band.

Fiddle Solo 1　 *Repeat Chorus 3 (Instrumental)*

Chorus 4　　　 *Repeat Chorus 3*

Fiddle Solo 2　 *Repeat Fiddle Solo 1 till fade*

In Pictures

Words and Music by
Joe Doyle and Bobby Boyd

Melody:

I've got her   pho-to-graph

(Capo 2nd fret)

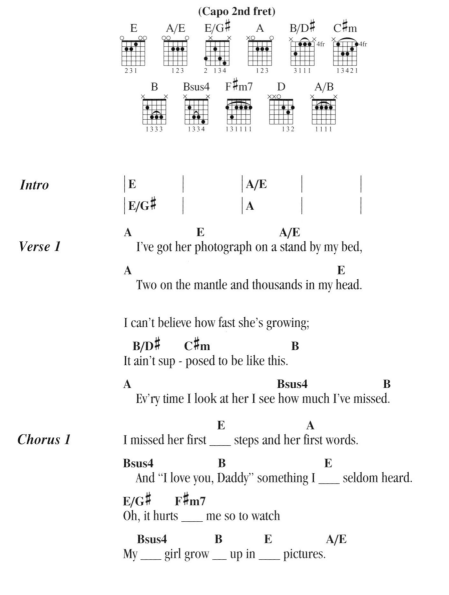

Intro

| E | | A/E | | |
| E/G♯ | | A | | |

Verse 1

     A   E   A/E
I've got her photograph on a stand by my bed,

  A   E
Two on the mantle and thousands in my head.

I can't believe how fast she's growing;

  B/D♯   **C♯m**   **B**
It ain't sup - posed to be like this.

  A   Bsus4   B
Ev'ry time I look at her I see how much I've missed.

Chorus 1

                 E   A
I missed her first ___ steps and her first words.

Bsus4   **B**   **E**
And "I love you, Daddy" something I ___ seldom heard.

E/G♯   **F♯m7**
Oh, it hurts ___ me so to watch

  Bsus4   **B**   **E**   **A/E**
My ___ girl grow __ up in ___ pictures.

Verse 2

              E   A/E
I send the mon - ey down, do my best to do my part.

A   E
But it can't compare to what I paid with my heart.

There's still one unanswered question

B/D$^\sharp$ C$^\sharp$m   B
That weighs heavy on my mind;

A   Bsus4   B
Will she ever understand the reasons why?

Chorus 2

               E   A
I missed her first ___ steps and her first words.

Bsus4   B   E
And "I love you, Daddy" something I ___ seldom heard.

E/G$^\sharp$ F$^\sharp$m7
Oh, it hurts ___ me so to watch

   Bsus4   B   E
My ___ girl grow   up in ___ pictures.

Bridge

D   E
It takes all I have to keep the tears ___ inside.

D   Bsus4 B
And what I wouldn't give if I could turn   back time.

Chorus 3

             E   A/B
I missed her first ___ steps, her first words.

Bsus4   B   E
And "I love you, Daddy"   is something I seldom heard.

      F$^\sharp$m7   Bsus4   B
Oh, it hurts ___ me so to watch my ___ baby grow

N.C.   E A/E   E
Up in pictures.

Jukebox in My Mind

Words and Music by
Ronnie Rogers and Dave Gibson

Melody:

In the cor - ner of my mind _

(Capo 1st fret)

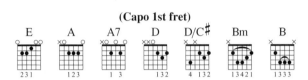

E   A   A7   D   D/C#   Bm   B

Chorus 1

N.C.   E
In the corner of my mind stands a jukebox.

                                 A
It's playin' all my fav'rite memo - ries.

                A7   D   D/C#   Bm
One by one, they take me back to the days when you were mine.

        E   A
And I can't stop this jukebox in my ___ mind.

Verse 1

A   E
I don't need no quarters, don't need any dimes.

                                 A
You filled it up forever when you said goodbye.

                A7
Heaven knows I love old melodies

        D   Bm
They were meant to ease the pain.

        B   E
But the kind that's playin' on my mind are drivin' me insane.

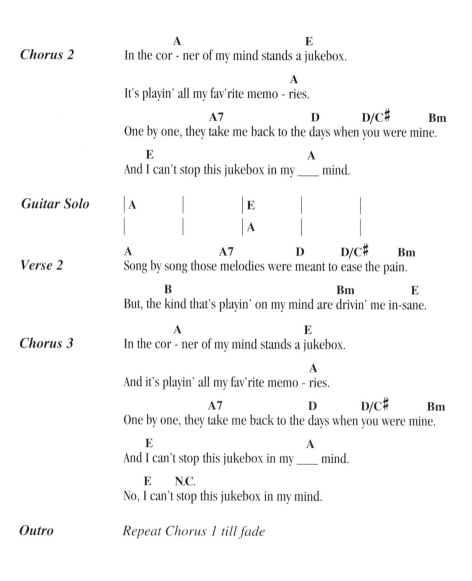

Chorus 2

       A   E
In the cor - ner of my mind stands a jukebox.

                 A
It's playin' all my fav'rite memo - ries.

       A7   D   D/C♯   Bm
One by one, they take me back to the days when you were mine.

    E   A
And I can't stop this jukebox in my ___ mind.

Guitar Solo

| A | | | E | | | |
| | | | A | | | |

Verse 2

A   A7   D   D/C♯   Bm
Song by song those melodies were meant to ease the pain.

    B   Bm   E
But, the kind that's playin' on my mind are drivin' me in-sane.

Chorus 3

       A   E
In the cor - ner of my mind stands a jukebox.

                   A
And it's playin' all my fav'rite memo - ries.

       A7   D   D/C♯   Bm
One by one, they take me back to the days when you were mine.

    E   A
And I can't stop this jukebox in my ___ mind.

    E   N.C.
No, I can't stop this jukebox in my mind.

Outro

Repeat Chorus 1 till fade

Lady Down on Love

Words and Music by
Randy Owen

Melody:

It's her first night on the town __

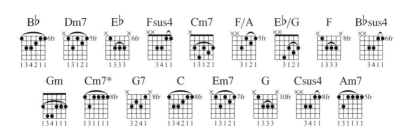

Intro | B♭ | Dm7 | E♭ | Fsus4 Cm7 | F/A E♭/G |

Verse 1
B♭   Dm7
It's her first night on the town since she was just eighteen,

E♭   F
A lady down on love and out of hope and dreams.

B♭   Dm7
The ties that once bound her now are broke away,

E♭   F   B♭   E♭/G F/A E♭/G
And she's like a baby, just learning how to play.

Verse 2
B♭   Dm7
She never thought that love could ever end so soon.

E♭   F
Her mind drifts back in time to a midsummer moon

B♭   Dm7
When he asked her to marry and she gladly said OK.

E♭   F   B♭   E♭/G F/A E♭/G
And a woman came to be from the girl of yester- day.

Chorus 1

B♭   Dm7 E♭   B♭ B♭sus4
Now, she's a la - dy down on love.

B♭   Dm7 E♭   B♭
She needs some - body to gently pick her up.

Gm   Dm7   E♭   B♭
She's got her freedom, but she'd rather be bound

      Cm7*   F   B♭   G7
To a man who would love her   and never let her down.

Verse 3

       C   Em7
Well, I know the lady that's down on her love,

       F   G
'Cause I used to hold her and have that special touch.

       C   Em7
But work took me away from home late at nights

       F   G
And I wasn't there when she turned out the lights.

       C   Em7
Then both of us got lonely and I gave into lust,

       F
And she just couldn't live

           G   C Csus4 C Csus4
With a man ___ she couldn't trust.

Chorus 2

       C   Em7 F   C   Csus4
Now, she's a la - dy down on love.

C   Em7   F   C
She needs some - body to gently pick her up.

Am7   Em7   F   C
She's got her freedom, but she'd rather be bound

      Dm7   G7   C   Csus4 C
To a man who would love her   and never let her down.

          Em7 F   C Csus4 C Csus4 C   Em7 F C
Now she's a la - dy down on love.

Love in the First Degree

Words and Music by
Jim Hurt and Tim DuBois

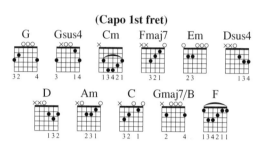

I once thought of love __ as a pris - on,

(Capo 1st fret)

G   Gsus4   Cm   Fmaj7   Em   Dsus4

D   Am   C   Gmaj7/B   F

Intro | G | | |

Verse 1
         G   Gsus4
I once thought of love as a pris - on,

    Cm   G
A place I didn't want to be.

Fmaj7   Em
So, long ago I made a decision

    Dsus4   D
To be footloose and fancy free.

     G   Gsus4
But you came and I was so tempt - ed

    Cm   G
To gamble on love just one time.

Fmaj7   Em
I never thought I would get caught.

    Am   Dsus4 D
It seemed like the perfect crime.

Chorus 1

```
C                    G
Baby, you left me de - fenseless.

C              Dsus4  D
I've only got one plea.

C              Gmaj7/B
Lock me away in - side of your love

     Am              Dsus4  D
And throw away the key.

     C        D              G
I'm guilty of love in the first degree.
```

Verse 2

```
G                    Gsus4
I thought it would be so sim - ple,

     Cm               G
Like a thousand times before.

Fmaj7                Em
I'd take what I wanted and just walk away,

     Dsus4            D
But I never made it to the door.

     G                  Gsus4
Now, babe I'm not begging for mer - cy.

     Cm                  G
Go a - head and throw the book at me.

  Fmaj7
If lovin' you's is a crime,

Em              Am           Dsus4  D
I know that I'm as guilty as a man can be.
```

	C G
Chorus 2	Baby, you left me de - fenseless.

C   Dsus4 D
I've only got one plea.

C   Gmaj7/B
Lock me away in - side of your love

     Am   Dsus4 D
And throw away the key.

     C   D   C
I'm guilty of love in the first degree.

              G
(Love in the first ____ degree.)

           C   Dsus4 D
Oh, yeah. ____ Oh yeah.

	C G
Chorus 3	Baby, you left me de - fenseless.

C   Dsus4 D
I've only got one plea.

C   Gmaj7/B
Lock me away in - side of your love

     Am   Dsus4 D
And throw away the key.

     C   D   C
I'm guilty of love in the first degree.

              G   C
(Love in the first ____ degree.) Oh, yeah.

              G   F
Love in the first ____ degree.

	C G F
Outro	‖: Love in the first ____ degree. :‖ *Repeat and fade*

Mountain Music

Words and Music by
Randy Owen

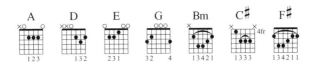

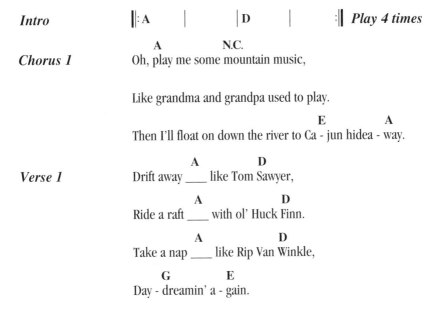

Intro   ‖: A | | D | :‖   *Play 4 times*

Chorus 1
　　　　　　A　　　　　N.C.
Oh, play me some mountain music,

Like grandma and grandpa used to play.
　　　　　　　　　　　　　　　　E　　　　　A
Then I'll float on down the river to Ca - jun hidea - way.

Verse 1
　　　　　　　A　　　　D
Drift away ___ like Tom Sawyer,
　　　　　　A　　　　　　D
Ride a raft ___ with ol' Huck Finn.
　　　　　　A　　　　　　D
Take a nap ___ like Rip Van Winkle,
　　　　　　G　　　　E
Day - dreamin' a - gain.

Chorus 2

    A   D
Oh, play me some mountain music,

    A   D
Like grandma and grandpa used to play.

      A   D   Bm
Then I'll float on down the riv - er to a Ca - jun hideaway.

Guitar Solo

E				C$\sharp$
D		A		C$\sharp$
D		A		F$\sharp$
G		D		
A				

Verse 2

A   D
Swim across the riv - er,

          A   D
Just to prove ___ that I'm a man.

          A   D
Spend the day ___ bein' la - zy,

    G   E
Just bein' nature's friend.

A   D
Climb a long tall hick - 'ry.

      A   D
Bend it over "skinnin' cats."

        A   D
Playin' base - ball with chert ___ rocks,

    G   E
Usin' sawmill slabs for bat's.

        N.C.
Play some back home come on music

That comes from the heart.

Play somethin' with lots of feelin'

           Bm   E
'Cause that's where music has to start.

Chorus 3

    A   D
Oh, play me some mountain music,

    A   D
Like grandma and grandpa used to play.

      A   D   Bm   E
Then I'll float on down the riv - er to a Ca - jun hidea -way.

‖: N.C.(A) | | :‖

Fiddle Solo 1

‖: A | | D | :‖ *Play 3 times*
| E | | A | |

Bridge

    A   D   A   D
Oh, play me mountain music. Oh, play me mountain music.

    A   D   E A
Oh, play me mountain music. Oh, play.

Fiddle Solo 2

‖: A | | D | :‖ *Play 3 times*
E		A	
G		D	
A	

My Home's in Alabama

Words and Music by
Teddy Gentry and Randy Owen

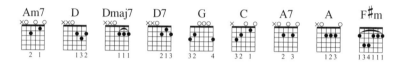

Drink-in' was for-bid - den in my Chris-tian coun-try home. _

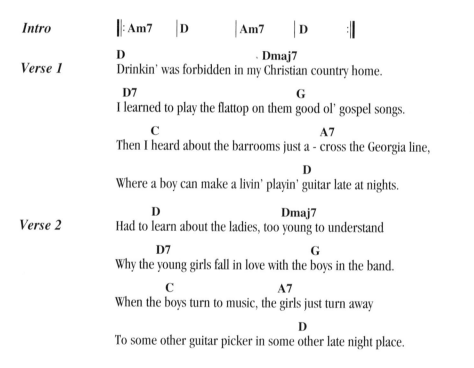

Intro   ‖: Am7 |D |Am7 |D   :‖

Verse 1
     D   **Dmaj7**
Drinkin' was forbidden in my Christian country home.

     D7   **G**
I learned to play the flattop on them good ol' gospel songs.

          C   **A7**
Then I heard about the barrooms just a - cross the Georgia line,

                              D
Where a boy can make a livin' playin' guitar late at nights.

Verse 2
          D   **Dmaj7**
Had to learn about the ladies, too young to understand

          D7   **G**
Why the young girls fall in love with the boys in the band.

          C   **A7**
When the boys turn to music, the girls just turn away

                              D
To some other guitar picker in some other late night place.

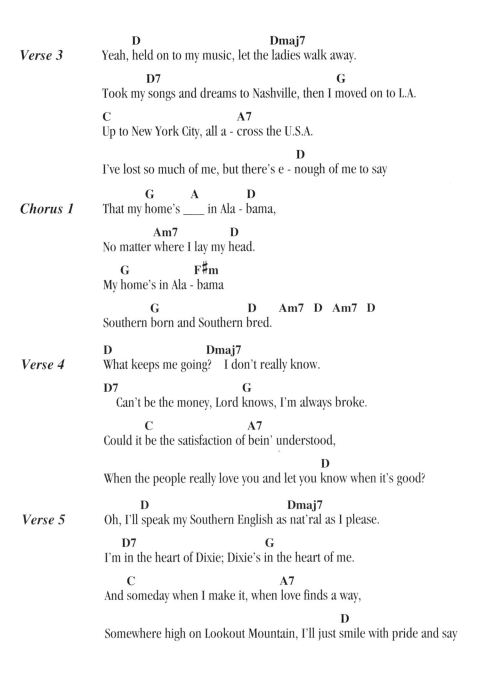

Verse 3
            D   Dmaj7
      Yeah, held on to my music, let the ladies walk away.

            D7   G
      Took my songs and dreams to Nashville, then I moved on to L.A.

            C   A7
      Up to New York City, all a - cross the U.S.A.

                                          D
      I've lost so much of me, but there's e - nough of me to say

                G   A   D
Chorus 1   That my home's ___ in Ala - bama,

                  Am7   D
      No matter where I lay my head.

            G   F♯m
      My home's in Ala - bama

                  G   D   Am7   D Am7   D
      Southern born and Southern bred.

            D   Dmaj7
Verse 4   What keeps me going?   I don't really know.

      D7   G
         Can't be the money, Lord knows, I'm always broke.

                  C   A7
      Could it be the satisfaction of bein' understood,

                                          D
      When the people really love you and let you know when it's good?

                  D   Dmaj7
Verse 5   Oh, I'll speak my Southern English as nat'ral as I please.

            D7   G
      I'm in the heart of Dixie; Dixie's in the heart of me.

            C   A7
      And someday when I make it, when love finds a way,

                                          D
      Somewhere high on Lookout Mountain, I'll just smile with pride and say

---

Chorus 2

           G   **A**   **D**
That my home's ____ in Ala - bama,

         Am7   **D**
No matter where I lay my head.

   G   **F#m**
My home's in Ala - bama

      G   **D**
Southern born and Southern bred.

      Am7   **D**
Southern born and Southern bred.

      Am7   **D**
Southern born and Southern bred.

Instrumental   ‖: **Am7** | |**D** | :‖ *Play 13 times*

Chorus 3

           G   **A**   **D**
And my home's ___ in Ala - bama,

         Am7   **D**
No matter where I lay my head

   G   **F#m**
My home's in Ala - bama

      G   **D**
Southern born and Southern bred.

      Am7   **D**
Southern born and Southern bred.

      Am7   **D**
Southern born and Southern bred.

Outro   *Repeat Instrumental till fade*

Reckless

Words and Music by
Jeff Stevens and Michael Clark

Melody:

Let's roll the win-dows down, turn the ra - di - o up

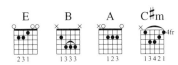

| E | B | A | C#m |

Chorus 1

N.C.
Let's roll the windows down, turn the radio up,

      E   **B**
Let the wind blow through our hair.

      A   **B**   **E A C#m B**
Love is reckless,   let's get reckless tonight.

Verse 1

            E   **A**   **E**
There ain't nothin' out here but a big ol' Texas sky.

                        A   **B**
There's a red sun painted across ___ the comin' night.

          E   **A**
Well, your daddy's got plans for you,

   C#m   **B**
And mine thinks I'm at school.

   A
They say it's reckless to chase your dream,

   B
But this town's got nothin' for you and me.

Chorus 2

                  E   A
Let's roll the windows down, turn the radio up,

        E   B
Let the wind blow through our hair.

       C♯m   A
There's a moon tonight, a road outside,

        E   B
Baby, we're gettin' out of here.

        A   E   A   E
I could care less   where it leads us.

        A   B   E A C♯m B
If love is reckless,   let's get reckless tonight.

Verse 2

        E   A   E
Let's take my Thunderbird ___ and leave tonight.

                        A   B
I'll keep the pedal to the floor till we see the mornin' light.

        E   A
They can't live our lives for us.

       C♯m   B
If we let 'em, we'll lose our love.

       A
And love dies hard in this Texas sun.

       B
I'd rather be reckless and on the run.

Chorus 3

                  E   A
Let's roll the windows down, turn the radio up,

        E   B
Let the wind blow through our hair.

       C♯m   A
There's a moon tonight, a road outside,

        E   B
Baby, we're gettin' out of here.

        A   E   A   E
I could care less   where it leads us.

        A   B
If love is reckless,   let's get reckless tonight.

| *Guitar Solo* | E | A | C#m | B | |
| | E | A | C#m | B | |

Bridge

              A
When you're crazy in love, you gotta take a chance

        B
And burn the bridge and don't look back.

Chorus 4

            N.C.
Turn the radio up, roll the window's down

          E   B
Let the wind blow through our hair.

          E   A
There's a moon tonight, and a road outside,

         E   B
Baby, we're gettin' out of here.

         E   A C#m B
Roll the windows down.

          E   A C#m B
Turn the radio up.

Outro

          E   A C#m B
‖: Love is reckless,

          E   A C#m B
Let's get reckless.   :‖ *Repeat and fade*

Old Flame

Words and Music by
Mac McAnally and Donny Lowery

Melody:

I saw _ you star - in' at

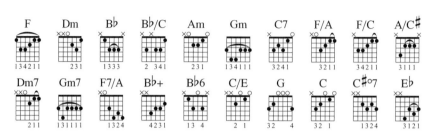

Intro

| F | | Dm | | |
| Bb | |

Verse 1

Bb/C   F Bb   F
I saw you star - in' at each oth - er.

       Am Dm   Gm C7
I saw your eyes _____ begin to glow.

       F/A Bb   F/C A/C# Dm7
And I could tell _____you once were lovers.

Gm7   Bb   Bb/C   F
You ain't hidin' noth - in' that I don't know.

Chorus 1

Gm7 F7/A Bb Bb+ Bb6   Bb/C   F
There's an   old   flame   burning in your eyes

C/E   Dm7   G   Gm7 C
That tears can't drown and makeup can't disguise.

    Dm7 C/E   F   Bb
Now that old ___ flame ___ might not be strong - er,

     F   Bb
But it's been burnin' long - er

C   C#°7 Dm7   C   Bb   Bb/C   F
Than any   spark I might have started in your eyes.

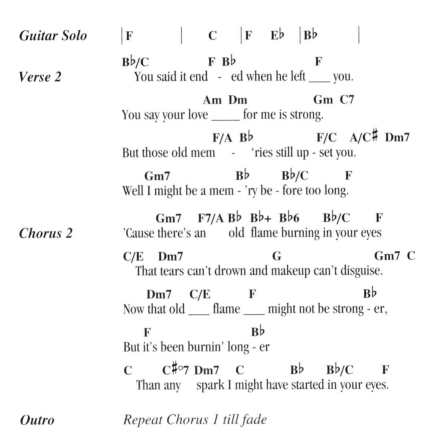

Guitar Solo |F | C |F   Eb |Bb |

Verse 2

Bb/C   F Bb   F
You said it end - ed when he left ____ you.

                        Am Dm   Gm C7
You say your love ____ for me is strong.

                            F/A Bb   F/C   A/C♯ Dm7
But those old mem   -   'ries still up - set you.

Gm7   Bb   Bb/C   F
Well I might be a mem - 'ry be - fore too long.

Chorus 2

              Gm7   F7/A Bb Bb+ Bb6   Bb/C   F
'Cause there's an   old flame burning in your eyes

C/E Dm7   G   Gm7 C
That tears can't drown and makeup can't disguise.

Dm7   C/E   F   Bb
Now that old ____ flame ____ might not be strong - er,

F   Bb
But it's been burnin' long - er

C   C♯°7 Dm7   C   Bb   Bb/C   F
Than any   spark I might have started in your eyes.

Outro   *Repeat Chorus 1 till fade*

Once Upon a Lifetime

Melody:

Words and Music by
Frank J. Meyers and Gary Baker

Once up - on __ a life - time, __

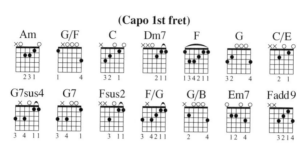

(Capo 1st fret)

Intro |Am G/F |C   Dm7 |C |

Verse 1

        F   G   Am
Once upon a life - time, I looked in some - one's eyes,

    Dm7   C/E   G7sus4   G7
And felt the fire burnin' in my heart for the very first time.

C   C/E   Fsus2 F   G   Am
She was scared ___ and young   and had never tast - ed love.

         Dm7   C/E   Fsus2
So I took her by the hand, ___ and a boy became a man

F/G   C   Dm7 C
Once upon a life - time.

Verse 2

           F   G   Am
And once upon a life - time, you hold the queen of hearts.

    Dm7   C/E   G7sus4   G7
But if you gamble on a dia - mond when the dealin' starts.

      C   C/E Fsus2 F   G   Am
You stand to lose ___ it all   as the cards be - gin to fall,

          Dm7   C/E   F
And the lesson learned is hard ___ you're only dealt the queen of hearts

F/G   C   G/B
Once upon a life - time.

Bridge 1

       Am   F   C G/B
So if you're takin' chances, know ___ the chance you take.

  Am   F   C G/B
A broken heart's a high ___ price to pay.

  Am   Em7   F
Foolish ways will make ___ fools of the wise.

       Dm7   C/E   F   G7sus4   C
And the best things seldom come ___ along twice.

Verse 3

            F   G   Am
Once upon a life - time you know that you've been blessed.

       Dm7   C/E   G7sus4   G7
When you hold your first born tenderly a - gainst your chest.

           C   C/E Fsus2 F   Am
And through the innocents you see   the value of a fami - ly

                 Dm7   C/E   F
And you feel a special bond ___ that only comes a - long

F/G   C   Dm7 C   G/B
Once upon a life - time.

Bridge 2

       Am   F   C G/B
So if you're takin' chances, know ___ the chance you take.

  Am   F   C G/B
A broken heart's a high ___ price to pay.

  Am   Em7   F
Foolish ways will make ___ fools of the wise.

       Dm7   C/E   F   G7sus4 G7
And the best things seldom come ___ along twice.

      Fadd9   C/E Fadd9   C/E Dm7 C/E
And people only find ___ love like yours and mine

G7sus4   Am G/F C
Once upon a lifetime.

Roll On
(Eighteen Wheeler)

Words and Music by
Dave Loggins

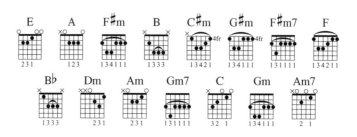

Chorus 1

    E   **A**
Roll on highway, roll on a - long.

    E   **A**
Roll on, Daddy, till you get to back home.

    E   **A**
Roll on, fam'ly, roll on, crew.

    E
Roll on, Mama, like I asked you to do.

    F#m   **B**   **E**
And roll on, eighteen wheeler, roll on.

        A **E** **A**
Roll on!

Verse 1

          E
Well, it's Monday mornin', he's kissin' Mama goodbye.

       C#m
He's up and gone with the sun.

A
Daddy drives an eighteen wheeler,

                E
And he's off on a Midwest run.

And three sad faces gather 'round Mama,

              C#m
They ask her when Daddy's comin' home.

A
Daddy drives an eighteen wheeler,

                  E
And they sure miss him when he's gone. ___ *Yeah, they do.*

Pre-Chorus 1

        A   G#m
Ah, but he calls 'em ev'ry night

  F#m7   B
And tells 'em that he loves ___ them.

He taught 'em this song to sing,

Chorus 2

E   A
Roll on highway, roll on a - long.

E   A
Roll on, Daddy, till you get to back home.

E   A
Roll on, fam'ly, roll on, crew.

E
Roll on, Mama, like I asked you to do.

    F#m   B   E
And roll on, eighteen wheeler, roll on.

        A F Bb
Roll on!

Verse 2

        F
Well, it's Wednesday evenin', Mamas waitin' by the phone.

        Dm
It rings but it's not his voice.

    B♭
Seems the highway patrol has found a jackknifed rig

        F
In a snowbank in Illinois.

    F
But the driver was missin' and the search had been abandoned,

        Dm
'Cause the weather had ev'rything stalled.

    B♭
And they had checked all the houses and the local motels,

        F
When they had some more news they'd call.

      B♭   **Am**
Pre-Chorus 2   And she told ____ them when they found ____ him

    Gm7   **C**
To tell ____ him that she loved ____ him.

And she hung up the phone, singin'

    F   **B♭**
Chorus 3   Roll on highway, roll on a - long.

    F   **B♭**
Roll on, Daddy, till you get back home.

    F   **B♭**
Roll on, fam'ly, roll on, crew.

    F
Roll on, Mama, like I asked you to do.

    Gm   **C**   **Dm**
And roll on, eighteen wheeler, roll on.

| | **Dm**   **Am7** |
| *Bridge* | Mama and the children will be waiting up all night long, |

B♭
Thinkin' nothin' but the worse is comin'

F
With the ring - in' of the telephone.

Dm
Oh, but the Man upstairs was list'nin'

B♭
When Mama asked Him to bring Daddy home.

Gm
And when the call came in, it was Daddy and the other end,

C
Askin' her if she had been singin' the song, singin'

| | **F**   **B♭** |
| *Chorus 4* | Roll on highway, roll on a - long. |

F   **B♭**
Roll on, Daddy, till you get back home.

F   **B♭**
Roll on, fam'ly, roll on, crew.

F
Roll on, Mama, like I asked you to do.

Gm   **C**   **F**   **B♭**
And roll on, eighteen wheeler, roll on. ___ *Roll on!*

| | **F**   **B♭ F**   **B♭** |
| *Outro* | ‖: Eighteen wheel - er,   eighteen wheel - er, :‖ |

F
Roll on!

Sad Lookin' Moon

Words and Music by Randy Owen,
Teddy Gentry and Greg Fowler

I thought that you _ could fly _____

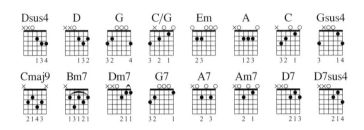

Intro
|Dsus4   D| |Dsus4   D| |
|G   C/G |G |

Verse 1

      Em   A   C   G
I thought that you could fly, ___ I thought that you had wings.

      Em   A   C   G
I guess that I believed ___ we'd never say goodbye.

         Dsus4   D
But my world stopped turning 'round

         Dsus4   D
The stars turned upside down,

         Dsus4   D   G Gsus4 G
It knocked me to the ground on my knees.

Chorus 1

              Cmaj9   D C   G
Now there's a sad lookin' moon ___ shinin' down on me.

              Cmaj9   Bm7 C   G
There's a sad lookin' sky ___ as far as I can see.

      Dm7   G7   C   A7
I always believed ___ and I thought the stars could see.

            G   D Am7   D7   G Gsus4 G
But there's a sad lookin' moon ___ shinin' down ___ on me.

Interlude	|Dsus4 D|	|Dsus4 D |	|
	|Dsus4 D|	|G C/G |G	|

Verse 2

Em   A   C   G
I shared with you my dreams, ___ I gave you ev'rything.

Em   A   C   G
I opened up my heart, ___ when I gave you my ring.

Dsus4   D   Dsus4   D
Well, I spent days and nights just thinkin' about the time

Dsus4   D   G Gsus4 G
When you would be mine all my life.

Chorus 2   *Repeat Chorus 1*

Bridge

Bm7   Am7 Bm7   Am7
There's a sad lookin' moon, ___ a sad lookin' moon,

Bm7   Am7
There's a sad lookin' moon

D7sus4 D7 G Gsus4 G Gsus4 G Gsus4 G
Shinin' down   on me.

Outro   *Repeat Interlude till fade*

She Ain't Your Ordinary Girl

Words and Music by
Robert Jason

She ain't _ your   or - di-nar - y,

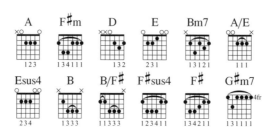

Intro

        A   F#m   D
        She ain't your ordinary,   she ain't your ordinary girl.

A		

Verse 1

        A   F#m   D   E
        She don't love carelessly,   that's what I've al - ways heard.

        A   F#m   D   E
        Can't use the u - sual lines,   she measures ev - 'ry word.

  D   Bm7   D   Bm7   D
  No empty prom - ises, proof is what it takes ___ to win her heart.

           Bm7   D   Bm7   A/E
  The truth and nothin' less, simple things that set her far apart.

                              Esus4   E
  Save your diamonds and your pearls, ___she's not your ordinary girl.

Chorus 1

        A   D
        (She ain't your ordinary.) No she's not.

                A
  (She ain't your ordinary girl.)

                     D
  (She ain't your ordinary,) Oh, yeah.

                A
  (She ain't your ordinary girl.)

GUITAR CHORD SONGBOOK

	A F#m D E
Verse 2	No midnight alibis, no foolish games ___ for her.

A   F#m   D   E
And if you cross ___ the line,   you'll get what you ___ deserve.

D   Bm7
But when you see ___ her smile,

D   Bm7   D
Nothin' seems to mat - ter anymore.

      Bm7   D   Bm7   A/E
And in a little while you'll feel like you've never felt before.

             Esus4   E
Like no other in the world, ___ she's not your ordinary girl.

	A D
Chorus 2	(She ain't your ordinary.) No she's not.

                A
(She ain't your ordinary girl.)

                     D
(She ain't your ordinary,) Oh, yeah.

(She ain't your ordinary girl.)

Guitar Solo	| B | | E | |
	| B | | E | |

	B E B
Chorus 3	(She ain't your ordinary, she ain't your ordinary girl.

                    E   B/F#
She ain't your ordinary,   she ain't your ordinary girl.)

                 F#sus4   F#   B
Save your diamonds and pearls, ___ she ain't your ordinary girl.

                E   B
(She ain't your ordinary,   she ain't your ordinary girl.

             E   B
She ain't your ordinary,   she ain't your ordinary girl.

           G#m7   E B
She ain't your ordinary,   she ain't your ordinary girl.)

She and I

Words and Music by
Dave Loggins

Melody:

She and I live in our own ___ lit-tle world, __

E   Asus2   Bm   F#7   B   A   A/B

Intro   ‖: E | |Asus2 | :‖

Verse 1
E
She and I live in our own little world,

Don't worry 'bout the world outside.

Asus2   E
She and I agree she and I lead a perfectly normal life.

                          Bm
Ah, but just because we aren't oft - en seen socially,

Asus2   F#7
People think we've something to hide.

          E   B   E
But all our friends know we're just a little old-fashioned, she and I.

Chorus 1
            A
Oh, ain't it great, (Ain't it great,) ain't it fine, (ain't it fine,)

To have a love, (A love,) someone, (someone.) that others can't find?

          E   F#7   A   A/B
Ain't it wonderful to know ___ all we ever need is just the two of us,

          E   Asus2
She and I. ___ *So wonderful, she and I.*

Verse 2   E
Ah, she and I share with ev'rybody else

The same wants, needs and desires.

Asus2   E
Ah, she and I save; she and I pay on ev'rything we acquire.

                       Bm
Ah, but just because we aren't of - ten seen sep'rately

Asus2   F#7
People think we live one life.

        E   B   E
It's hard for them to see how anyone could be as close as she and I.

Chorus 2   A
Oh, ain't it great, (Ain't it great,) ain't it fine, (ain't it fine,)

To have a love, (A love,) someone, (someone.) that others can't find?

        E   F#7   A   A/B
Ain't it wonderful to know ____ all we ever need is just the two of us,

        E
She and I. ____ (She and I live in our own little world.)

               Asus2
Ain't it wonder - ful?

E   Asus2
She and I live in our own little world, ain't it wonderful?

             E
Ain't it fine, fine, fine.

Outro   ‖: E | | Asus2 | :‖ *Repeat and fade*
                                                                           w/ vocal ad lib.

Song of the South

Words and Music by
Bob McDill

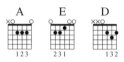

Intro   ‖: A |E |D | A   :‖

Chorus 1
N.C.
Song, song of the South, sweet potato pie and I shut my mouth.

                                                       A
Gone, gone with the wind, there ain't nobody lookin' back a - gain.

Verse 1
A   E
Cotton on the roadside, cotton in the ditch,

     D   A
We all picked the cotton, but we never got rich.

                        E
Daddy was a vet'ran, a southern Democrat,

     D   A
They oughtta get a rich man to vote like that. Sing it.

Chorus 2
  A   E   D   A
Song, song of the South, sweet potato pie and I shut my mouth.

         E   D   A
Gone, gone with the wind, there ain't nobody lookin' back a - gain.

Fiddle Solo 1   ‖: A | E | D | A :‖ | |

Verse 3

      A   E
Well, somebody told as Wall Street fell,

     D   A
But we were so poor that we ___ couldn't tell.

             E
Cotton was short and the weeds were tall,

        D
But Mr. Roosevelt's gonna save us all.

Verse 4

      A   E
Well, Mama got sick and Dad - dy got down,

    D   A
The county got the farm and they moved to town.

           E
Papa got a job with the T.V.A.,

          D
He bought a washin' machine and then a Chevrolet. Sing it.

Chorus 3

  A   E   D   A
  Song, song of the South, sweet potato pie and I shut my mouth.

     E
Gone, gone with the wind,

     D
There ain't nobody lookin' back again. Play it.

Fiddle Solo 2	|A	|E	|D				
	|A	|E	|D				Singin'	

Chorus 4

A   E   D
Song, song of the South, sweet potato pie and I shut my mouth.

A   E
(Gone) Gone, gone with the wind,

     D
There ain't nobody lookin' back again.

Chorus 5

A   E   D A   E   D
Song, song of the South, (Gone.) Gone, gone, with the wind.

A   E   D
Song, song of the South, (Sweet potato pie and I shut my mouth.)

A   E   D
Song, song of the South, (Sweet potato pie and I shut my mouth.)

Outro

    A   E
‖: (Song, song of the South,)

  D
(Sweet potato pie and I shut my mouth.)

   A   E
(Gone, gone with the wind,)

  D
(Ain't nobody lookin' back again.) :‖ *Repeat and fade*

There's a Fire in the Night

By Bob Corbin

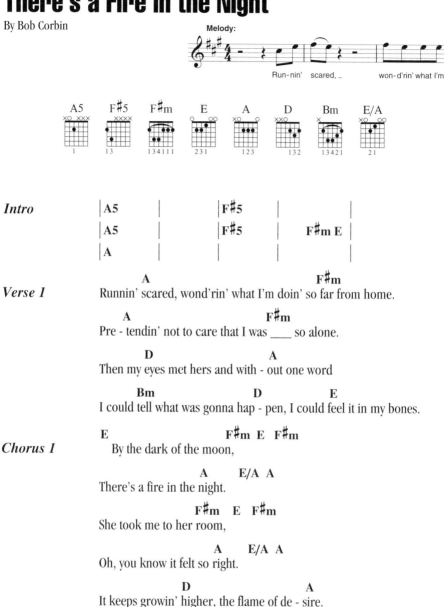

Intro

A5		F#5		
A5		F#5		F#m E
A				

Verse 1

      A   F#m
Runnin' scared, wond'rin' what I'm doin' so far from home.

     A   F#m
Pre - tendin' not to care that I was ___ so alone.

          D   A
Then my eyes met hers and with - out one word

        Bm   D   E
I could tell what was gonna hap - pen, I could feel it in my bones.

Chorus 1

    E   F#m E F#m
   By the dark of the moon,

                     A   E/A A
There's a fire in the night.

                F#m   E   F#m
She took me to her room,

                    A   E/A A
Oh, you know it felt so right.

               D   A
It keeps growin' higher, the flame of de - sire.

                   D   F#m   E   A
By the dark of the moon, ___ oh, ___ there's a fire in the night.

ALABAMA

Verse 2

            A   F♯m
Well, she told me she didn't often do this kind of thing.

           A   F♯m
She said, "Please hold me. Hold me tight so I don't ___ have to think."

     D   A
Oh, her gentle touch really moved me so much.

     Bm   D   E
The flames of love swept o - ver us like a burnin' light.

Chorus 2

                  F♯m E F♯m
By the dark of the moon,

                A   E/A A
There's a fire in the night.

               F♯m   E F♯m
She took me to her room,

             A   E/A A
Oh, you know it felt so right, so ___ right.

        D   A
It keeps growin' higher, the flame of de - sire.

            D   F♯m   E   A
By the dark of the moon, ___ mm, ___ there's a fire in the night.

There's a fire in the night.

Instrumental	|F#m | |A | |
	|F#m | |A | |

Chorus 3

            F#m   E   F#m
By the dark of the moon,

          A   E/A A
There's a fire in the night.

        F#m   E   F#m
She took me to her room,

         A   E/A A
Oh, you know it felt so right.

        D   A
It keeps growin' higher, the flame of de - sire.

              D   F#m   E   A
By the dark of the moon, ___ oh, ___ there's a fire in the night.

               F#m
There's a fire in the night, ___ baby.

         A   F#m
We stared a fire. ___ Ooh.

Outro ||: A | |F#m | :|| *Repeat and fade w/ vocal ad lib.*

Southern Star

Words and Music by
Roger Murrah, Steve Dean and Rich Alves

Melody:

Oh, South-ern Star, how I wish __

(Capo 1st fret)

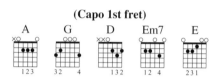

A   G   D   Em7   E

Chorus 1

         A   G   D   A
Oh, Southern Star, how I wish ____ you would shine

         Em7   D   A
And show me the way ____ to get home.

Verse 1

         A   G   D   A
Well, I'm blue-collar, brand - ed and stuck in a mill,

         Em7   D   A
Hard work is a way ____ of life for me.

                         G   D   A
Well, I'm too young to live ____ like I'm o - ver the hill

         Em7   D   A
And too old to be ____ wild and free.

Pre-Chorus 1

              E
My heart ____ is homeward bound.

         A
I'm rollin' with the feelin' and I can't slow down.

E   A
     I need a guidin' light shin - in' down to lead me through the night.

Chorus 2   *Repeat Chorus 1*

Guitar Solo 1   *Repeat Verse 1 (Instrumental)*

Verse 2

  A   G   D   A
Oh, hey, my D.J. friend, ___ would you play ___ me one more song

  Em7   D   A
And let my mind just go ___ and drift away.

                        G   D   A
Now we all have a dream ___ and a place ___ where we belong,

  Em7   D   A
Somewhere we can go ___ and escape.

Pre-Chorus 2   *Repeat Pre-Chorus 1*

Chorus 3   *Repeat Chorus 1*

Guitar Solo 2   *Repeat Guitar Solo 1*

Chorus 4   *Repeat Chorus 1*

Take Me Down

Words and Music by
James P. Pennington and Mark Gray

Melody:

Fly   a - way _   with   me   to - night. _

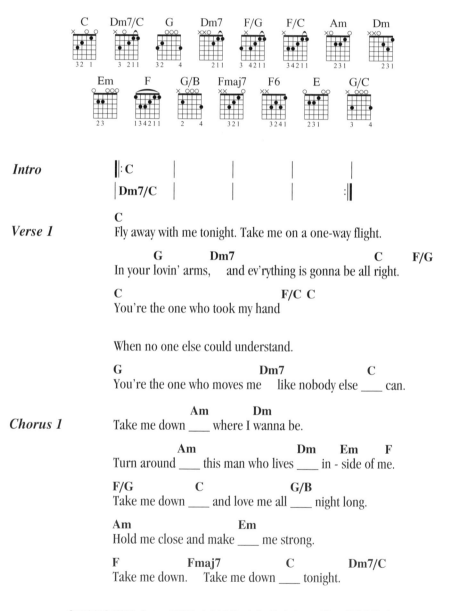

C   Dm7/C   G   Dm7   F/G   F/C   Am   Dm

Em   F   G/B   Fmaj7   F6   E   G/C

Intro

‖: C | | | |
| Dm7/C | | | :‖

Verse 1

C
Fly away with me tonight. Take me on a one-way flight.

        G   Dm7   C   F/G
In your lovin' arms,   and ev'rything is gonna be all right.

C   F/C C
You're the one who took my hand

When no one else could understand.

G   Dm7   C
You're the one who moves me   like nobody else ____ can.

Chorus 1

                Am   Dm
Take me down ____ where I wanna be.

                Am   Dm   Em   F
Turn around ____ this man who lives ____ in - side of me.

F/G   C   G/B
Take me down ____ and love me all ____ night long.

Am   Em
Hold me close and make ____ me strong.

F   Fmaj7   C   Dm7/C
Take me down. Take me down ____ tonight.

Verse 2

C
In your eyes I see a light, it's your emotions glowin' bright.

G   Dm7   C   F/G
So keep the fires burnin'   and let it warm me through the night.

C   F/C C
You can be a part of me,   'cause you're what love was meant to be.

G   Dm7   C
You and me, baby,   we'll set this flame inside us free.

Bridge

Fmaj7   F6
You don't have to stay ___ forever.

Fmaj7   F6
Let's just put our hearts ___ together,

C
Share another night in ecstasy.

Fmaj7   F6
We know that it's feel - in' better

Fmaj7   F6
Ev'ry time we get ___ together.

Dm7   E
Maybe love was meant for you and me.

Chorus 2

                            Am   Dm
Whoa, take me down ___ where I wanna be.

                   Am   Dm   Em   F
Turn around ___ this man who lives ___ in - side of me.

F/G   C   G/B
Take me down ___ and love me all ___ night long.

Am   Em
Hold me close and make ___ me strong.

F   Fmaj7   C   G/C
Take me down. Take me down ___ tonight.

Outro

              Dm7/C   C   G/C
Take me down ___ tonight. (Wooh, ___ ooh.)

                F   Fmaj7   C   G/C
Take me down ___ tonight. ___ (Ooh, ___ ooh.)

              Dm7/C
Are you gonna take me, (Take me,) shake me, (shake me.)

Fmaj7   C   G/C Dm7/C Fmaj7
Take me down ___ tonight.   ***Fade out***

Tennessee River

Words and Music by
Randy Owen

Melody:

I was born ___ a-cross _

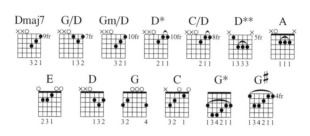

Intro

	Dmaj7		G/D		Gm/D		D*		
			C/D		G/D		D**		
	A					

Verse 1

           A   E   D   A
I was born across the riv - er in the moun - tains where I call home.

                                 E   D A
Lord, times were good there. Don't know why I ever roamed.

Chorus 1

             A   G
Oh, Tennessee River and a mountain man,

        D   A
We get to - gether anytime we can.

                           G
Oh, Tennessee River and a mountain man,

        D   A
We play to - gether in Mother Nature's band.

Guitar Solo

| | A | | G | | D | | A | | |

	A E
Verse 2	Me and my woman's done made our plans.
	D C A
	On the Tennessee River, walkin' hand-in-hand.
	G* G♯ A E
	Gonna raise a fam - 'ly, Lord and settle down
	D A
	Where peace and love can still be found.
	A G
Chorus 2	Oh, Tennessee River and a mountain man,
	D A
	We get to - gether anytime we can.
	G
	Oh, Tennessee River and a mountain man,
	D A
	We play to - gether in Mother Nature's band.
	G D A
	Oh, Tennessee River. _____

Fiddle Solo 1   ‖: A | G | D | A   :‖

Chorus 3   *Repeat Chorus 1*

Fiddle Solo 2   *Repeat Fiddle Solo 1*

Outro   *Repeat Chorus 2 till fade*

Then Again

Words and Music by
Rick Bowles and Jeff Silbar

Melody:

We could walk a - way now, —

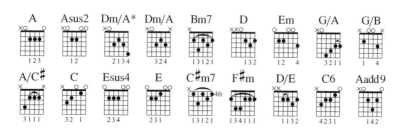

Intro   ‖: A Asus2 A Dm/A* | :‖

Verse 1
          A   Dm/A
We could walk away now, call it over and done.

         Bm7   A
Say we fought the good fight and nobody won.

         D   Bm7
Say we're both better off, that worse came to worse.

     Em   G/A   A G/B A/C♯
So we didn't last, hey, we're not the first.

Chorus 1
     D   A/C♯   Bm7   A G/B A/C♯
     But then again, ___ if we give it one more try,

     D   A/C♯ C   Esus4 E
We might find the feel - in' never really died.

          D   E C♯m7   F♯m
And there's still a chance to be ___ all we might have been,

          D   D/E   A Asus2 A Dm/A*
And find the love we had ___ back then again.

    | A Asus2 A Dm/A* | |

Verse 2

       A   **Dm/A**
Off to such a good start, but somehow it seems

Bm7   **A**
We've let our hearts fall a - part at the dreams.

        D   **Bm7**
We could throw in the towel, walk a - way with our pride.

       Em   **G/A**   **A G/B A/C♯**
Say it just wasn't worth all the tears that we cried.

Chorus 2

D   **A/C♯**   **Bm7**   **A G/B A/C♯**
   But then again, ___ if we give it one more try,

D   **A/C♯ C**   **Esus4 E**
We might find the feel - in' never really died.

        D   **E C♯m7**   **F♯m**
There's still a chance to be ___ all we might have been,

        D   **D/E**   **A**
Let's find the love we had ___ back then again.

Bridge

C6   **Bm7**   **A**
  Baby, if we want it bad e - nough,

C 6   **Bm7**   **D/E**   **E**
  We can make it better than it ev - er was.

Outro

        D   **E C♯m7**   **F♯m**
And there's still a chance to be ___ all we might have been,

       D   **D/E**
Let's find the love we had ___ back then again.

|**A Asus2 A Dm/A***| |**A Asus2 A Dm/A***| |

|**A(add9)** |

There's No Way

Words and Music by
John Jarrard, Lisa Palas and Will Robinson

Melody:

As I lay by your side _ and hold _

(Capo 1st fret)

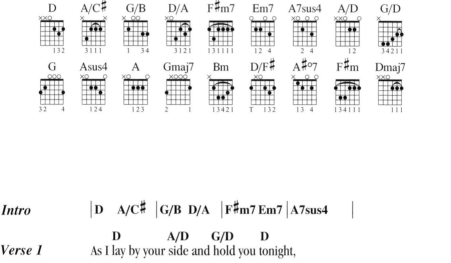

Intro | D A/C# | G/B D/A | F#m7 Em7 | A7sus4 |

Verse 1

       D   A/D   G/D   D
As I lay by your side and hold you tonight,

       F#m7   G A7sus4
I want you to understand

       D   A/D   G/D   D
This love that I feel is so right and so real,

       F#m7   Asus4 A
I realize how lucky I am.

            Gmaj7   Bm
And should you ever wonder if my ___ love is true,

        Em7   D/F#   A7sus4   A A7sus4
There's something that I ___ want to make ___ clear to you.

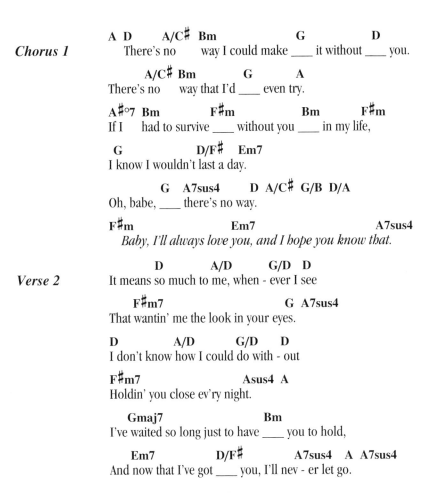

Chorus 1

A D   A/C♯ Bm   G   D
There's no   way I could make ___ it without ___ you.

       A/C♯ Bm   G   A
There's no   way that I'd ___ even try.

A♯°7 Bm   F♯m   Bm   F♯m
If I   had to survive ___ without you ___ in my life,

 G   D/F♯   Em7
I know I wouldn't last a day.

            G   A7sus4   D A/C♯ G/B D/A
Oh, babe, ___ there's no way.

F♯m   Em7   A7sus4
Baby, I'll always love you, and I hope you know that.

Verse 2

          D   A/D   G/D D
It means so much to me, when - ever I see

     F♯m7   G A7sus4
That wantin' me the look in your eyes.

D   A/D   G/D   D
I don't know how I could do with - out

F♯m7   Asus4 A
Holdin' you close ev'ry night.

    Gmaj7   Bm
I've waited so long just to have ___ you to hold,

    Em7   D/F♯   A7sus4 A A7sus4
And now that I've got ___ you, I'll nev - er let go.

Chorus 2

A   D   A/C♯ Bm   G   D
There's no   way I could make ____ it without ____ you.

       A/C♯ Bm   G   A
There's no   way that I'd ____ even try.

A♯°7 Bm   F♯m   Bm   F♯m
If I   had to survive ____ without you ____ in my life,

 G   D/F♯   Em7
I know I wouldn't last a day.

           G   A7sus4   D
Oh, babe, ____ there's no way.

Bridge

Bm   Gmaj7   Dmaj7
I never knew until you ____ what I was miss - ing.

     Bm   Gmaj7   A7sus4 A   A7sus4 A
Now you say forever, I find my heart is list'nin',   yes, I'm list - 'nin'.

Chorus 3

D   A/C♯ Bm   G   D
There's no   way I could make ____ it without ____ you.

       A/C♯ Bm   G   A
There's no   way that I'd ____ even try.

A♯°7 Bm   F♯m   Bm   F♯m
If I   had to survive ____ without you ____ in my life,

 G   D/F♯   Em7
I know I wouldn't last a day.

           G   A7sus4   D A/C♯ G/B D/A A7sus4
Oh, babe, ____ there's no way.

|D   A/C♯ |G/B D/A |F♯m7   Em7   A7sus4 |D |
                    Baby, there's just no way.

Touch Me When We're Dancing

Words and Music by
Terry Skinner, J.L. Wallace and Ken Bell

Melody:

Play us a song we can slow __ dance on __

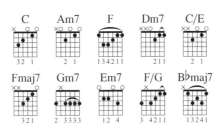

Intro　　‖: C　　| Am7　　| F　　| Dm7　　:‖

Verse 1
　　　　　　C　　　　　　　　　　　　Am7
　　　　Play us a song we can slow ___ dance on
　　　　F　　　　　　　　C
　　　　We wanna hold each oth - er.
　　　　　　　　　　　　　　Am7
　　　　Play us a groove so we hard - ly move
　　　　F　　　　　　　　　C
　　　　Just let our hearts beat togeth - er.
　　　　　　　　Dm7　　　　　　　　　　　　　　C/E
　　　　Oh, baby, 'cause it feels so good when we're close ___ like this.
　　　　　　　Fmaj7　　　　　　Gm7
　　　　Whisper in my ear and let me steal a kiss.

Chorus 1
　　　　　　　Fmaj7　　　　　　　　Dm7
　　　　Come on and touch me when we're danc - in'
　　　　　Fmaj7　　　　　　　　Em7
　　　　You know you've got that lovin' touch.
　　　　　Fmaj7　　　　　　　　Dm7
　　　　Whoa, touch me when we're danc - in'
　　　　　Fmaj7　　　　　　　　　F/G
　　　　I want to feel you one when I'm fallin' in love.

| *Interlude* | |C |Am7 |F |Dm7 | |

Verse 2
     C   **Am7**
     Tonight's the night and it feels ___ so right

     F   **C**
     What my heart's sayin' to ___ me.

                      Am7
     You're the one and I've wait - ed so long,

     F   **C**
     So let your love flow through ___ me.

             Dm7   **C/E**
     Oh, baby, 'cause it feels so good we can be ___ this close.

           Fmaj7   **Gm7**
     You've got to me up so high I could fly coast to coast.

Chorus 2   *Repeat Chorus 1*

Instrumental |B♭maj7 | |Em7 | |
                      |B♭maj7 | |Fmaj7 |Gm7 |

	Fmaj7 Dm7

Chorus 3

Fmaj7   Dm7
Whoa, touch me when we're danc - in'

Fmaj7   Em7
You know you've got that lovin' touch.

Fmaj7   Dm7
Whoa, touch me when we're danc - in'

Fmaj7
I want to feel you when I'm fallin',

Gm7   Fmaj7
Feel ____ you when I'm fallin' in love.

Chorus 4

Fmaj7   Dm7
Touch me when we're danc - in'

Fmaj7   Em7
You know you've got that lovin' touch.

Fmaj7   Dm7
Mm, touch me when we're danc - in'

Fmaj7   Em7 Fmaj7 Dm7
I want to feel you when I'm fallin'. Touch.

Fmaj7   Gm7
All day and all of the night.

Fmaj7   Dm7
Touch me when we're danc - in'

Fmaj7   Gm7
I want to feel you when I'm fallin', Feel you when I'm fallin in love.

Outro

Repeat Chorus 1 w/ vocal ad lib. till fade

Very Special Love

Words and Music by Teddy Gentry,
Jeff Cook and Randy Owen

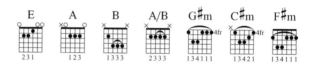

She said,"I spent eight years in Cal - i - for - nia,

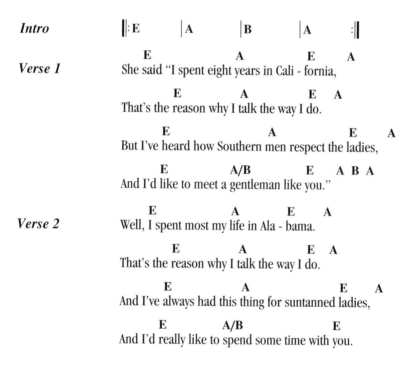

Intro   ‖: E |A |B |A   :‖

Verse 1
        E   A   E   A
She said "I spent eight years in Cali - fornia,

             E   A   E   A
That's the reason why I talk the way I do.

           E   A   E   A
But I've heard how Southern men respect the ladies,

           E   A/B   E   A B A
And I'd like to meet a gentleman like you."

Verse 2
           E   A   E   A
Well, I spent most my life in Ala - bama.

           E   A   E   A
That's the reason why I talk the way I do.

           E   A   E   A
And I've always had this thing for suntanned ladies,

           E   A/B   E
And I'd really like to spend some time with you.

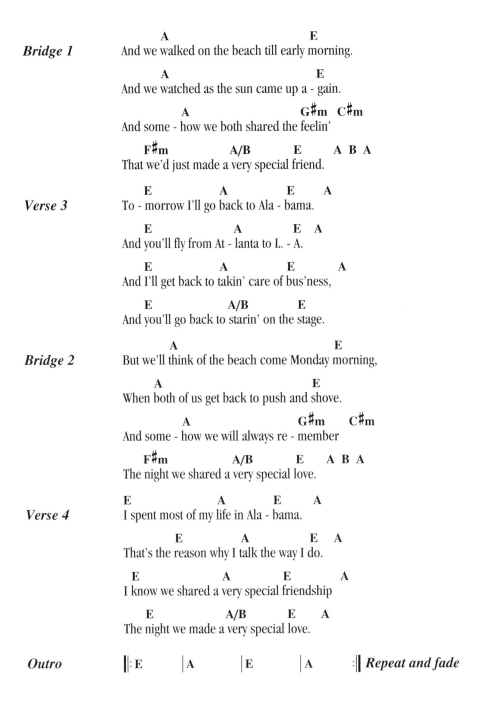

Bridge 1

     A   E
And we walked on the beach till early morning.

     A   E
And we watched as the sun came up a - gain.

          A   G♯m C♯m
And some - how we both shared the feelin'

 F♯m   A/B   E   A B A
That we'd just made a very special friend.

Verse 3

          E   A   E   A
To - morrow I'll go back to Ala - bama.

     E   A   E A
And you'll fly from At - lanta to L. - A.

     E   A   E   A
And I'll get back to takin' care of bus'ness,

     E   A/B   E
And you'll go back to starin' on the stage.

Bridge 2

     A   E
But we'll think of the beach come Monday morning,

     A   E
When both of us get back to push and shove.

          A   G♯m C♯m
And some - how we will always re - member

 F♯m   A/B   E   A B A
The night we shared a very special love.

Verse 4

     E   A   E   A
I spent most of my life in Ala - bama.

         E   A   E   A
That's the reason why I talk the way I do.

     E   A   E   A
I know we shared a very special friendship

     E   A/B   E   A
The night we made a very special love.

Outro   ‖: E |A |E |A   :‖ *Repeat and fade*

When We Make Love

Words and Music by
Mentor Williams and Troy Seals

Melody:

There's a light _____ in your

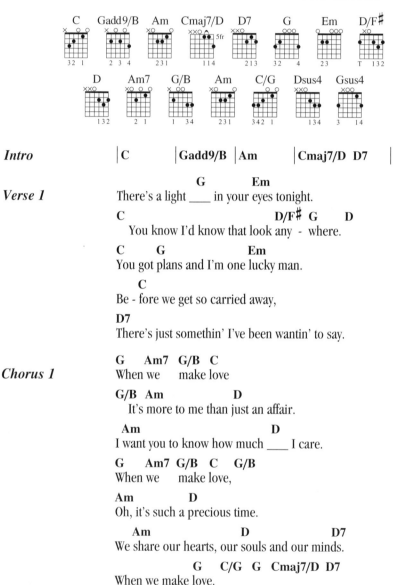

Intro | C | Gadd9/B | Am | Cmaj7/D D7 |

Verse 1
             G   **Em**
There's a light ___ in your eyes tonight.
C   **D/F♯ G**   **D**
   You know I'd know that look any - where.
C   **G**   **Em**
You got plans and I'm one lucky man.
        C
Be - fore we get so carried away,
D7
There's just somethin' I've been wantin' to say.

Chorus 1
G   **Am7** **G/B** **C**
When we   make love
G/B Am   **D**
   It's more to me than just an affair.
  Am   **D**
I want you to know how much ___ I care.
G   **Am7** **G/B** **C**   **G/B**
When we   make love,
Am   **D**
Oh, it's such a precious time.
    Am   **D**   **D7**
We share our hearts, our souls and our minds.
               G **C/G** **G** **Cmaj7/D D7**
When we make love.

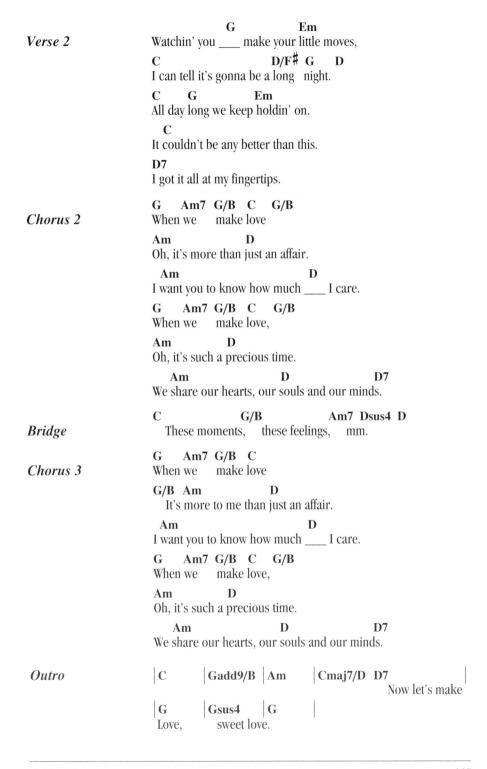

Verse 2

                   G   **Em**
Watchin' you ___ make your little moves,

C   **D/F♯ G**   **D**
I can tell it's gonna be a long night.

C   **G**   **Em**
All day long we keep holdin' on.

  C
It couldn't be any better than this.

D7
I got it all at my fingertips.

Chorus 2

G   **Am7 G/B** **C** **G/B**
When we   make love

Am   **D**
Oh, it's more than just an affair.

  Am   **D**
I want you to know how much ___ I care.

G   **Am7 G/B** **C**   **G/B**
When we   make love,

Am   **D**
Oh, it's such a precious time.

   Am   **D**   **D7**
We share our hearts, our souls and our minds.

Bridge

C   **G/B**   **Am7 Dsus4 D**
  These moments,   these feelings,   mm.

Chorus 3

G   **Am7 G/B** **C**
When we   make love

G/B Am   **D**
  It's more to me than just an affair.

  Am   **D**
I want you to know how much ___ I care.

G   **Am7 G/B** **C**   **G/B**
When we   make love,

Am   **D**
Oh, it's such a precious time.

   Am   **D**   **D7**
We share our hearts, our souls and our minds.

Outro

| **C** | **Gadd9/B** | **Am** | **Cmaj7/D D7** | |
                                                  Now let's make

| **G** | **Gsus4** | **G** | |
Love,   sweet love.

Why Lady Why

Words and Music by
Teddy Gentry and Richard Scott

Melody:

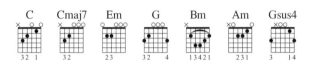

Why, la - dy, why

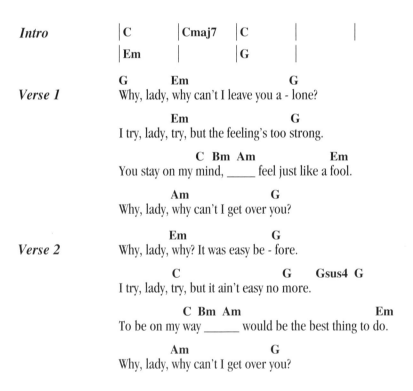

C   Cmaj7   Em   G   Bm   Am   Gsus4

Intro

| C | Cmaj7 | C | | |
| Em | | G | |

Verse 1

      G   Em   G
Why, lady, why can't I leave you a - lone?

          Em   G
I try, lady, try, but the feeling's too strong.

                 C Bm Am   Em
You stay on my mind, _____ feel just like a fool.

          Am   G
Why, lady, why can't I get over you?

Verse 2

          Em   G
Why, lady, why? It was easy be - fore.

          C   G   Gsus4 G
I try, lady, try, but it ain't easy no more.

              C Bm Am   Em
To be on my way _____ would be the best thing to do.

          Am   G
Why, lady, why can't I get over you?

Instrumental 1	C	Cmaj7	C		
	Bm				
	C	Cmaj7	C		
	Em		G		

Verse 3

             Em   **G**
Why, lady, why can't I leave you a - lone?

             Em   **G**
I try, lady, try, but the feeling's too strong.

                    C Bm Am   **Em**
To be on my way _____ would be the best thing to do.

               Am   **Em G**
Why, lady, why can't I get over you?

Instrumental 2	C	Cmaj7	C		
	Em		G		

Outro	Em				
	G				
	C	Bm	Am		Em	*Fade out*

You've Got the Touch

Words and Music by John Jarrard,
Lisa Palas and Will Robinson

Melody:

Ly - in' be - side ___ you,   watch - in' you

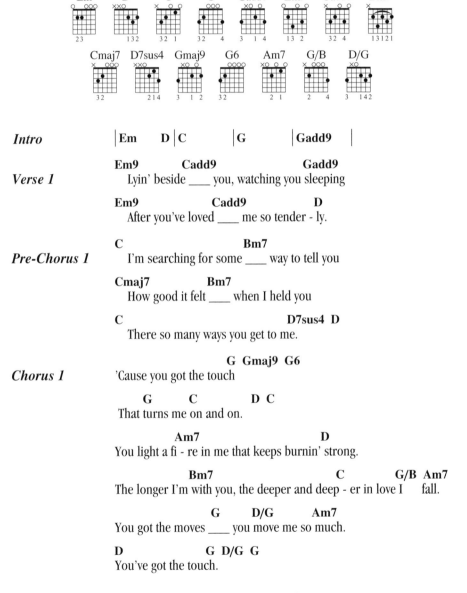

Em   D   C   G   Gadd9   Em9   Cadd9   Bm7

Cmaj7   D7sus4   Gmaj9   G6   Am7   G/B   D/G

Intro | Em   D | C | G | Gadd9 |

Verse 1
        Em9   **Cadd9**   **Gadd9**
        Lyin' beside ____ you, watching you sleeping

        Em9   **Cadd9**   **D**
        After you've loved ____ me so tender - ly.

Pre-Chorus 1
        C   **Bm7**
        I'm searching for some ____ way to tell you

        Cmaj7   **Bm7**
        How good it felt ____ when I held you

        C   **D7sus4 D**
        There so many ways you get to me.

Chorus 1
                            G Gmaj9 G6
        'Cause you got the touch

           G   **C**   **D C**
        That turns me on and on.

                Am7   **D**
        You light a fi - re in me that keeps burnin' strong.

                Bm7   **C**   **G/B Am7**
        The longer I'm with you, the deeper and deep - er in love I   fall.

                G   **D/G**   **Am7**
        You got the moves ____ you move me so much.

        D   **G D/G G**
        You've got the touch.

Verse 2

Em9   Cadd9   Gadd9
As you wake up, ___ you pull me closer

Em9   Cadd9   D
And whisper, "Good morn - in'" warm in my ear.

Pre-Chorus 2

C   Bm7
Nobody could do ___ that like you do.

Cmaj7   Bm7
You make it so eas - y to love you,

C   D7sus4 D
And I know I will for a million years.

Chorus 2

                     G Gmaj9 G6
'Cause you got the touch

          G   C   D C
You turn me on and on.

              Am7   D
You light the fi - re in me that keeps growin' strong.

            Bm7   C   G/B Am7
The longer I'm with you, the deeper and deep - er in love I   fall.

                   G   D/G   Am7
You've got the moves ___ that move me so much.

D   G D/G G
You've got the touch.

Guitar Solo

Repeat Verse 1 (Instrumental)

Pre-Chorus 3

C   Bm7
Nobody can touch ___ me like you do.

Cmaj7   Bm7
You make it so eas - y to love you.

C   D7sus4 D
And I know I will a million years.

Chorus 3

Repeat Chorus 2

Outro

              G   Em   Am7
You got the moves that move me so much.

                   N.C.   Em D C G Gadd9
You've got the touch.

When It All Goes South

Words and Music by Janis Carnes,
Rick Carnes and John Jarvis

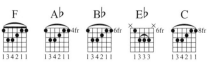

F	Ab	Bb	Eb	C

Intro |F | | | | |
            | | | | | |

Verse 1
         F
It'll creep up on you like a Kudzu vine

Even miles above the Mason Dixon line

Till one day your cravin' hominy grits

You're scannin' the jukebox for George Jones hits.
        Ab
Drinking Jack Black, tryin' to kick back
     Bb
Till the condo's lookin' like a shotgun shack.
     F   N.C.
You'll be one of us no matter where you're at.

Chorus 1
      Bb
When it all goes south.
             Ab
(You'll be drivin' around on a John Deere tractor.)
     F
When it all goes south.

(Wearin' baseball caps but they won't be backwards.)
      Eb
Now it really don't matter what state you're in
Bb   **F**   **N.C.**
One day the South's gonna rise ___ again.

Verse 2

           F
There's a Wall Street wonder boy sittin' up north

Throwin' darts like a monkey at a stock report.

He's got the two homes, car loans and debt

And his third divorce ain't even final yet.
  A♭
Trade his M.B.A. for an S.U.V.
  B♭
On a backwoods road down in Tennessee
  F   **N.C.**
Because, man, Manhattan ain't the place to be.

Chorus 2

         B♭
When it all goes south.
                  A♭
(With the live oak trees and the sweet magnolias.)
         F
When it all goes south.

(Eatin' Moon Pies, drinkin' R.C. Cola.)
       E♭
Now it really don't matter what state you're in
B♭   **F**   **N.C.**
Someday the South's gonna rise ___ again.

Guitar Solo 1

```
‖: F      |        |        |       :‖
 | A♭     |      | B♭      |        |
 | C      |      | N.C.    |        |
```

Verse 3

F
Mobile, Nashville, Charlotte and Atlanta.

All them cities, Lord, they sure look pretty

In the sunshine, gettin' Dixie fried.
N.C.
Get yourself some Rebel pride.

Chorus 3

       B♭
When it all goes south.

              A♭
(With a fog as thick as a Mississippi mud.)

      F
What it all goes south.

(You'll be singin' the blues 'cause it's in your blood.)

      E♭
Now it really don't matter what state you're in.

B♭   **F**   **N.C.**
One day the South's gonna, gonna rise ____ again.

Chorus 4

      F
When it all goes south.

(You'll be drivin' around on a John Deere tractor.)

When it all goes south.

(Wearin' baseball caps but they won't be backwards.)

When it all goes south.

(With the live oak trees and the sweet magnolias.)

When it all goes south.

(Eatin' Moon Pies, drinkin' R.C. Cola.)

Piano Solo

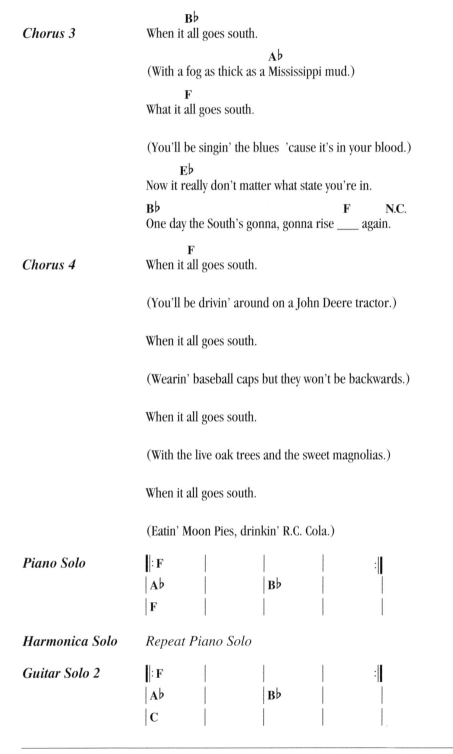

```
‖: F     |        |        |        :‖
 | A♭    |        | B♭     |        |
 | F     |        |        |        |
```

Harmonica Solo   *Repeat Piano Solo*

Guitar Solo 2

```
‖: F     |        |        |        :‖
 | A♭    |        | B♭     |        |
 | C     |        |        |        |
```

Verse 5	**F** Vicksburg, Birmingham, Natchez and Savannah
	Panama City, y'all, it sure looks pretty
	In the sunshine gettin' Dixie fried. **N.C.** Get yourself some Rebel pride.
Chorus 4	*Repeat Chorus 3*
Chorus 5	**F** When it all goes south.

(You'll be drivin' around on a John Deere tractor.)

When it all goes south.

(Wearin' baseball caps but they won't be backwards.)

When it all goes south.

(With the live oak trees and the sweet magnolias.)

When it all goes south.

(Eatin' Moon Pies, drinkin' R.C. Cola.)

When it all goes south.

(With a fog as thick as a Mississippi mud.)

What it all goes south.

(You'll be singin' the blues 'cause it's in your blood.)

| *Guitar Solo 3* | ‖:F   \| \| \| :‖ *Play 4 times* |

F
Chorus 6   When it all goes south.

(You'll be drivin' around on a John Deere tractor.)

When it all goes south.

(Wearin' baseball caps but they won't be backwards.)

(With the live oak trees and the sweet magnolia's.)

(Eatin' Moon Pies, drinkin' R.C. Cola.)

When it all goes south.

(Where the fog's as thick as a Mississippi mud.)

What it all goes south.

(You'll be singin' the blues 'cause it's in your blood.)

Outro   ‖:F   \| \| \| :‖   *Repeat and fade*
                                                            w/ vocal ad lib.

Guitar Chord Songbooks

Each book includes complete lyrics, chord symbols, and guitar chord diagrams.

Acoustic Rock

A handy collection of 80 acoustic favorites: Angie • Blackbird • Blowin' in the Wind • Bridge over Troubled Water • Drive • Dust in the Wind • Fast Car • Here Comes the Sun • If You Could Only See • Layla • Maggie May • Me and Julio down by the Schoolyard • Mrs. Robinson • Pink Houses • The Sound of Silence • Torn • Yesterday • and more.
00699540 . . . .$17.95

The Beatles (A-I)

An awesome reference of Beatles hits: All You Need Is Love • And I Love Her • The Ballad of John and Yoko • Blackbird • Can't Buy Me Love • A Day in the Life • Eight Days a Week • Eleanor Rigby • Get Back • Good Day Sunshine • A Hard Day's Night • Help! • Here Comes the Sun • Hey Jude • I Saw Her Standing There • In My Life • and more!
00699558 . . . .$16.95

The Beatles (J-Y)

100 more Beatles hits: Lady Madonna • Let It Be • Love Me Do • Michelle • Norwegian Wood • Ob-La-Di, Ob-La-Da • Paperback Writer • Revolution • Sgt. Pepper's Lonely Hearts Club Band • Strawberry Fields Forever • Twist and Shout • We Can Work It Out • When I'm Sixty-Four • Yellow Submarine • Yesterday • and more.
00699562 . . . .$16.95

The Beach Boys

59 favorites: Barbara Ann • Be True to Your School • California Girls • Catch a Wave • Don't Worry Baby • Fun, Fun, Fun • Good Vibrations • Help Me Rhonda • I Get Around • In My Room • Kokomo • Little Deuce Coupe • Surfin' U.S.A. • Wild Honey • Wouldn't It Be Nice • dozens more!
00699566 . . . .$14.95

Children's Songs

70 songs for kids: Alphabet Song • The Bear Went over the Mountain • Bingo • The Candy Man • Eensy Weensy Spider • It's a Small World • Mickey Mouse March • Old MacDonald • On Top of Spaghetti • Puff the Magic Dragon • Super-califragilisticexpialidocious • Twinkle, Twinkle Little Star • Won't You Be My Neighbor? (It's a Beautiful Day in This Neighborhood) • and more!
00699539 . . . .$12.95

Christmas Carols

80 Christmas carols: Angels We Have Heard on High • Away in a Manger • Coventry Carol • Deck the Hall • Fum, Fum, Fum • Good King Wenceslas • The Holly and the Ivy • I Saw Three Ships • Joy to the World • O Holy Night • Silent Night • Up on the Housetop • We Wish You a Merry Christmas • What Child Is This? • and more.
00699536 . . . .$12.95

Johnny Cash

58 Cash classics: A Boy Named Sue • Cry, Cry, Cry • Daddy Sang Bass • Folsom Prison Blues • I Walk the Line • The Long Black Veil • The Man in Black • Orange Blossom Special • (Ghost) Riders in the Sky • Ring of Fire • Solitary Man • Tennessee Flat Top Box • You Win Again • and more.
00699648 . . . .$14.95

Christmas Songs

80 Christmas favorites: The Christmas Song • Feliz Navidad • Grandma Got Run over by a Reindeer • I Heard the Bells on Christmas Day • Jingle-Bell Rock • Merry Christmas, Darling • Rudolph the Red-Nosed Reindeer • Silver Bells • We Need a Little Christmas • more.
00699537 . . . .$12.95

Eric Clapton

75 of Slowhand's finest: Born Under a Bad Sign • Change the World • Have You Ever Loved a Woman • I Shot the Sheriff • Knockin' on Heaven's Door • Layla • Riding with the King • Strange Brew • Tears in Heaven • Wonderful Tonight • and more!
00699567 . . . .$14.95

Classic Rock

80 rock essentials: Beast of Burden • Cat Scratch Fever • Free Ride • Hot Blooded • Layla • Money • Owner of a Lonely Heart • Rhiannon • Start Me Up • Sweet Emotion • Take Me to the River • Walk on the Wild Side • and more
00699598 . . . .$12.95

Contemporary Christian

80 hits from today's top CCM artists: Awesome God • Don't Look at Me • El Shaddai • Friends • The Great Divide • His Strength Is Perfect • I Will Be Here • Just One • Live Out Loud • A Maze of Grace • Oh Lord, You're Beautiful • Run to You • Speechless • Testify to Love • Via Dolorosa • more.
00699564 . . . .$14.95

Country

80 country standards: Always on My Mind • Boot Scootin' Boogie • Crazy • Elvira • Folsom Prison Blues • Hey, Good Lookin' • I Feel Lucky • Okie from Muskogee • Ring of Fire • Sixteen Tons • Through the Years • Your Cheatin' Heart • more.
00699534 . . . .$14.95

Cowboy Songs

Over 60 tunes: Back in the Saddle Again • Git Along, Little Dogies • Happy Trails • Home on the Range • Mexicali Rose • The Red River Valley • Sioux City Sue • Streets of Laredo • The Yellow Rose of Texas • and more.
00699636 . . . .$12.95

Folk Pop Rock

80 songs: American Pie • Constant Craving • Dust in the Wind • Here Comes the Sun • Me and Bobby McGee • Nights in White Satin • Somebody to Love • Time in a Bottle • Vincent (Starry Starry Night) • You Were Meant for Me • and more.
00699651 . . . .$12.95

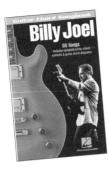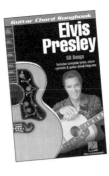

Folksongs

80 folk favorites: Aura Lee • Camptown Races •
Danny Boy • Git Along, Little Dogies • Home on the
Range • I've Been Working on the Railroad • Man
of Constant Sorrow • Matilda • Nobody Knows the
Trouble I've Seen • Scarborough Fair • When the
Saints Go Marching In • and more.
00699541 . . . .$12.95

Billy Joel

60 Billy Joel favorites: Allentown • Honesty • It's
Still Rock and Roll to Me • Just the Way You Are •
Keeping the Faith • The Longest Time • My Life •
New York State of Mind • Piano Man • Pressure •
She's Always a Woman • Uptown Girl • We Didn't
Start the Fire • You May Be Right • and more.
00699632 . . . .$14.95

Pop/Rock

80 chart hits: Against All Odds • All I Wanna Do •
Closer to Free • Come Sail Away • Every Breath You
Take • Give Me One Reason • Heartache Tonight •
Hurts So Good • Imagine • Kokomo • Let It Be •
More Than Words • Smooth • So Far Away •
Summer of '69 • Twist and Shout • What I Like
About You • Wonderful Tonight • and more.
00699538 . . . .$14.95

Elvis Presley

60 hits from The King: All Shook Up • Blue Suede
Shoes • Can't Help Falling in Love • Don't Be Cruel
(To a Heart That's True) • Heartbreak Hotel •
Hound Dog • It's Now or Never • Jailhouse Rock •
Love Me Tender • Return to Sender • Suspicious
Minds • That's All Right • Viva Las Vegas • more.
00699633 . . . .$14.95

Red Hot Chili Peppers

50 hits from the Chili Peppers: Blood Sugar Sex
Magik • Breaking the Girl • By the Way •
Californication • Can't Stop • Get on Top • Give It
Away • Higher Ground • Knock Me Down • Love
Rollercoaster • One Hot Minute • Out in L.A. •
Save the Population • Scar Tissue • Suck My Kiss
• Under the Bridge • What It Is • and more.
00699710 . . . .$16.95

Rock 'n' Roll

80 rock 'n' roll classics: At the Hop • Barbara Ann
• Chantilly Lace • Crying • Duke of Earl • Great
Balls of Fire • I Get Around • It's My Party • La
Bamba • Long Tall Sally • The Loco-Motion • My
Boyfriend's Back • Peggy Sue • Return to Sender •
Rock Around the Clock • Stand by Me • Surfin'
U.S.A. • Willie and the Hand Jive • and more.
00699535 . . . .$12.95